NHK BOOKS
1233

イスラームの深層
「遍在する神」とは何か

kamada shigeru
鎌田 繁

NHK出版

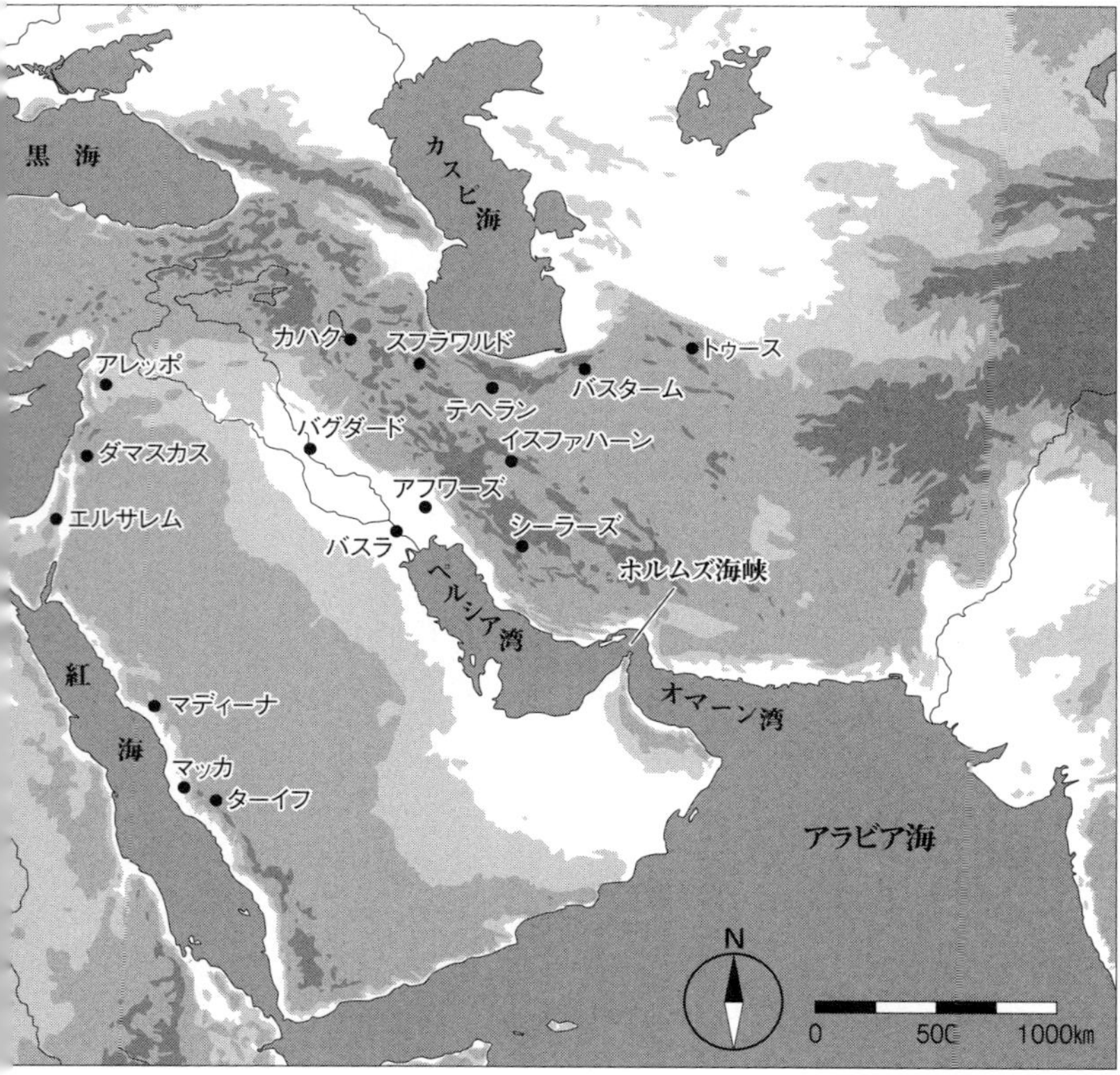
黒 海
カスピ海
カハク
スフラワルド
トゥース
アレッポ
バスターム
テヘラン
バグダード
イスファハーン
ダマスカス
アフワーズ
エルサレム
シーラーズ
バスラ
ホルムズ海峡
ペルシア湾
紅
海
マディーナ
オマーン湾
マッカ
ターイフ
アラビア海
N
0
500
1000km

地 図

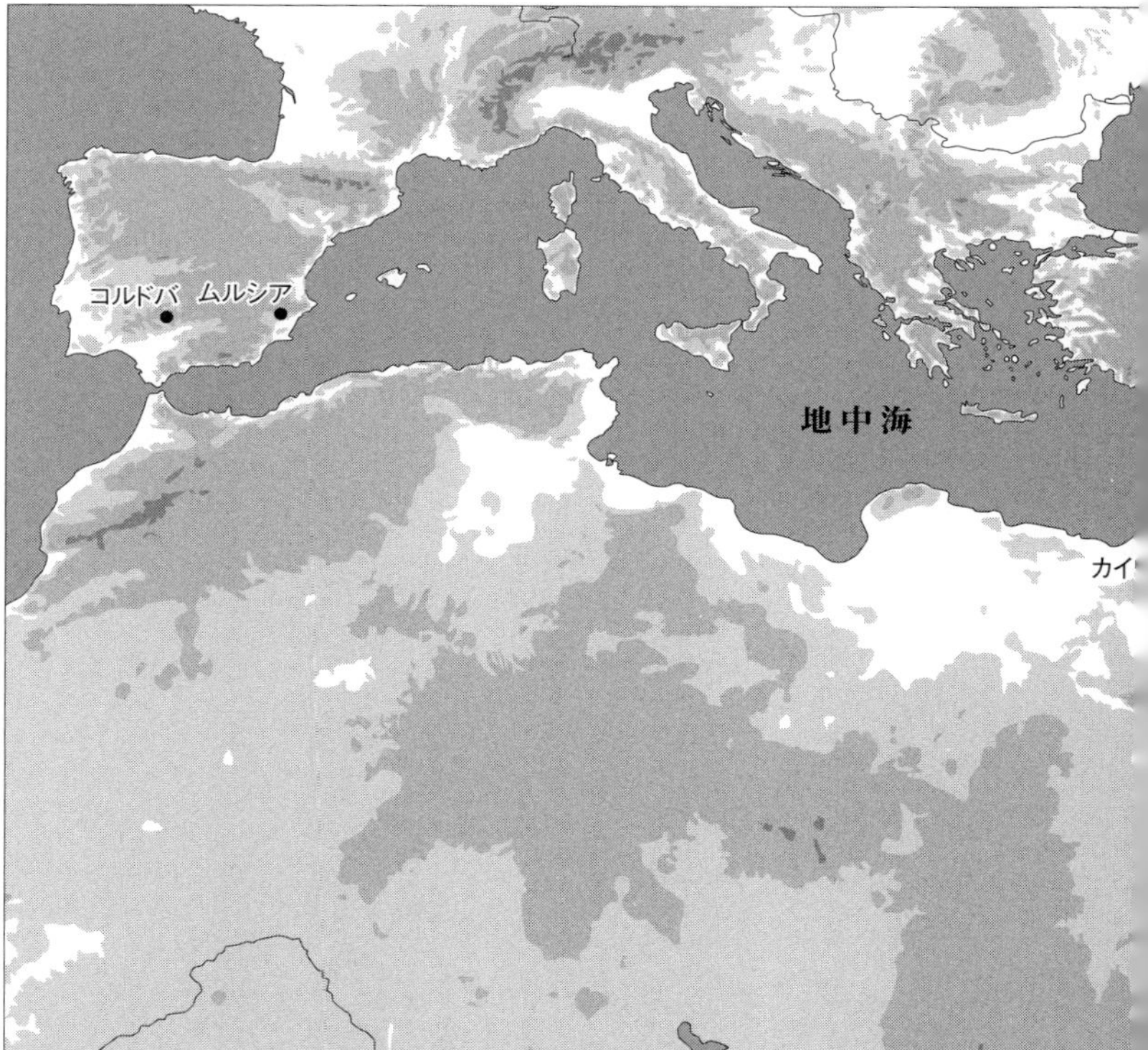

本 書

目次

第五章　「唯一絶対の神」から「遍在する神」へ　207

引用文中の著者註は〔　〕で表示した。

校　　閲　小野純一
　　　　　大河原晶子
ＤＴＰ　コンポーズ（濱井信作）
図版作成　原　清人

はじめに

二つの偉大な才能

今から八百年と少し前のことである。スペインのある都市で二人の人間が顔を合わせた。一人は壮年の哲学者イブン・ルシュド。忘れ去られていたギリシア哲学をよみがえらせ、近代ヨーロッパ哲学誕生への橋渡しをした存在として、日本の歴史教科書にも記載されている人物である。

もう一人は少年イブン・アラビー。のちに「最大の師 al-shaykh al-akbar」という尊称が贈られるほど、イスラーム思想に甚大《じんだい》な影響を与えた人物である。その天才児ぶりは当時から世に聞こえており、興味を抱いたイブン・ルシュドが自宅にこの少年を迎えることになった。

舞台は最盛期のコルドバである。この都市は現在、スペインのアンダルシア地方にある。しかし当時まだスペイン（エスパーニャ）という国家は存在しない。この地方はムワッヒド朝というイスラーム帝国の領土であり、アラビア語でアンダルスと呼ばれていた。哲学者イブン・ルシュドはコルドバ生れ、少年イブン・アラビーは同じアンダルスのムルシア生れ。二人ともアラブ人であり、ムスリムであり、アラビア語を話し、読み、書いた。

哲学者は少年に会うなり、「そうか？（イエスか？）」と尋ねた。これに対して少年はまず「そうだ（イエス）」と答え、次に「そうではない（ノー）」と答える。哲学者は最初の答えを聞いて非常に喜んだが、次の答えを聞いて顔面蒼白となり、口もきけなくなったという——。

この話はイブン・アラビー自身がその主著ともいえる厖大《ぼうだい》な著作『マッカ啓示』[*1]のなかで語っているものであるが、これは何を意味しているのか。解説が必要であろう。

哲学と神秘主義の対立

この挿話は、イスラーム思想の代表的研究者であった井筒俊彦がある講演で紹介したものである。[*2]井筒は、この二人の問答は当時のイスラームにおける二つの道——哲学と神秘主義——の対立を示していると述べている。本書の核心に関わることなので、井筒の解釈も援用しながらこの情景をとらえなおしてみよう。

イブン・ルシュドの立場は哲学（アラビア語でファルサファ）であった。もっと詳しく言えば、合理主義的な思弁哲学（理づめで考えを進める、経験に拠《よ》らないで体系的な世界観の構築を行う思索）である。イブン・ルシュドはおそらく世界史上最大のアリストテレス学者であり、彼がアラビア語で残した著作がラテン語に翻訳されることによって、トマス・アクィナスらキリスト教スコラ哲学が生れ、のちにはデカルトら近代ヨーロッパ哲学の誕生が可能になった。ダンテの『神曲』のなかでも、地獄の責め苦をうける預言者ムハンマドとは異なり、アリストテレスの「注釈者」として、ギリシアやローマの賢人たちと並んで煉獄《れんごく》のなかに優雅に席を与えられている。イブン・ルシュドが少年イブン・アラビーに「そうか？」と訊いたのは、おまえは哲学を認めるか、という意味である。対するイブン・アラビーの立場は井筒によれば「神秘主義」（アラビア語でタサウウフ）である。この用語には誤解がつきまとうが、大まかに定義すれば「絶対者と何らかの形で一つになる体験を追求する態度、およびその体験に基づいた思想」となるだろう。神秘主義の道を歩み始めていたイブン・アラビーはこのとき「そうではない（ノー）」という言葉によって、イブン・ルシュドが生涯を捧げた哲学を否定してみせ、自らの神秘主義の優位を主張したのである。

二人の間では勝負がついたかのように見える。イブン・アラビーは哲学を否定し、イブン・ルシュドはそれにおののいた。しかし実際には、イブン・アラビーを継ぐ思想家たちがイブン・アラビーの神秘主義的直観を、哲学の枠組みや用語を通して表現することになり、彼は「神秘思想・神秘哲学」（アラビア語でイルファーン）の先駆者になったというのが、歴史的事実である。他方、イブン・ルシュドの哲学的思索はムスリムの間では後継者をもたず、ユダヤ教、キリスト教世界にその影響を残すことになった。

ごく単純化すれば、神秘主義（タサウウフ）が哲学（ファルサファ）を消化吸収して神秘思想・神秘哲学（イルファーン）が形成された、と言うことができるだろう。

アラビア語の表記

専門家でない読者がイスラームに関する文章に触れるときに問題になるのが、用語の馴染みのなさであろう。本書では可能な限り丁寧に、重複を厭《いと》わず説明していくが、ここでは既出の用語を整理しておきたい。

まずもっとも基本的なこととして、「イスラーム」は神が預言者ムハンマドに下した教えのことであり、「イスラム」あるいは「イスラム教」と表記されるものと同じである。母音の長短を区別するアラビア語にもっとも近い表記であるイスラームという表記を、本書では採用する。イスラームはひとつの宗教の名前であるが、アラビア語としての〝**islām**〟は「大きな力の前に身を投げ出す」という原義から、服従や帰依《きえ》といった意味になる。イスラームの文脈に沿って表現するなら、「神に帰依すること」、「神に従うこと」がイスラームの意味になる。

第二章で述べるが、この**islām**という形は動詞の原型のようなもの（マスダル。訳語に困ってアラビア語表現をそのまま使うことが多い）である。アラビア語は多くの場合、三つの子音（この場合S、L、M）が中核的意味を担う「語根《ごこん》」となり、それに異なる母音などを加えることで多彩な意味内容を表現することになる。そういう言語である。一見イスラームという語とはずいぶん形が違っているが、イスラームの信仰をもつ者を指すムスリム**muslim**という語は、同じ語根から派生した能動分詞の男性形である。ちなみにこの女性形はムスリマ**muslima**である。例えばクルアーンのなかでは次のように現れる。なおここでは男性形、女性形ともに複数形が使われている。

本当にムスリムの男と女〔al-muslimīna wa-al-muslimāt〕、信仰する男と女、〔略〕これらの者のために、神は罪を赦《ゆる》し、偉大な報奨を準備なされる。（三十三章「部族連合」三十五節）

イスラームの聖典が〝コーラン〟であることは非常によく知られている。しかしアラビア語の発音は「クルアーン」に近い。近年は、原語の発音をより正確に反映しようとする傾向が強いので、筆者も本書ではクルアーンという表記を採用する。

そして、一般にイスラームの神といえば〝アッラー〟であろうか。理由については後述するが、本書では〝アッラー〟に替えて「神」という言葉を使いたい。本書で引用するクルアーンの句はすべて日本ムスリム協会による訳[*3]に則っているが、そこにあるアッラーという表記のみ「神」に替えていることをご了承いただきたい。

イスラーム思想とは、ムスリムが生み出した思想的営為の全般を指す、ゆるやかな呼称である。本書ではこのなかに、タサウウフ（神秘主義）も、ファルサファ（哲学）も、イルファーン（神秘思想・神秘哲学）も含め、また、何を信じるべきかを明確にするカラーム（神学）、日常的な人間の振る舞いを広範囲にわたって規定するフィクフ（法学）も含めて考えることとする。

なぜイスラーム思想なのか

イスラームといって思い浮かべられる具体的なイメージは、中東で敬虔《けいけん》な信仰生活を送るムスリムやその衣装、生活慣習かもしれない。サウディアラビアやイランの指導者の風貌かもしれない。あるいは寛容で平和を好む人びとの信仰として、あるいは逆に、先進各国で社会に溶け込めず極端な行動主義へ走る若者の心のよりどころとして、思い浮かぶかもしれない。

ムスリム人口は今や十数億を数える。もちろん中東だけでなく、北アフリカ・中央アフリカから西アジア・中央アジア・東南アジアにかけて、その地域での生き方そのものをイスラームが規定しているような国は数多い。ヨーロッパやアメリカへの浸透も知られているだろう。イスラームは信仰される地域によってさまざまな実態があり、それぞれがそれぞれの地域でイスラームとして存在している。古くからイスラームの伝統を伝える地域では、イスラームの実践も社会のすみずみまで浸透しているであろうし、人びともイスラームのもたらしたシステム（例えば、礼拝やラマダーンなど）を中心に動く。

一方、そういった伝統のまだ浅い地域では、社会もイスラームと無関係に動き、イスラームが要請する儀礼や実践も十分には行えない地域もあろう。現実の社会が置かれている自然、歴史、文化などさまざまな条件によって、それぞれの地域のイスラームのあり方には偏差がある。イスラームは人間全体が神の意思に従うことを求めており、身体的活動であれ、精神的活動であれ、イスラームの関わらない局面はないといえるだろう。イスラームは単に心のなかだけの信仰ではなく、現実に生きている人間に具体的な行動の指針を与えるような宗教である。その意味で人間の活動のどの面においてもイスラームの働きを見ることができるはずである。

イスラームがどのようなものであるかを知ろうとする営みにはさまざまな方法がある。ムスリムが生活をしているその場に参与することで、彼らの行動からその宗教性を探ることもできるだろう。また彼らの日々の生活の具体的な行動規範を提供している法規定を文献を通して見ていくこともできる。クルアーンを読み、預言者の言行録であるハディースに目を通し、イスラームは何を目指している宗教か、イスラームはどのような人間を期待しているのか、考えることもできる。あるいはクルアーンの使信をさらにつきつめていき、神とはなにか、自分とはなにか、自分はどこから来て、どこへいくのか、このような疑問を抱き、解決を目指して進む人びとの営みにイスラームの姿を見ようとすることもできる。

本書では、イスラームの知的営みのなかから、とくに神秘主義や神秘思想と呼ばれるものに焦点を当てる。なぜか。端的に言えば、神秘主義や神秘思想、神秘哲学とは、その名が与える印象に反して、宗教としてのイスラームを、真摯《しんし》にかつ内面的にとらえようとすると避けて通れない思索のあり方であり、宗教的な探究が達した、もっとも深い局面であると考えられるからである。その考え方は独創的であり、徹底しており、ときに熱情的であり、驚くほど寛容である。

だからといって、神秘主義や神秘哲学がイスラームの基本から離れているわけではない。神秘家はすべてクルアーンとハディースにかれらの根拠を置いてその思索を深めている。あくまで神の言葉と預言者の言行に拠ろうとし、そのなかに神の意思を探ろうという、まさにイスラーム的な動機に貫かれた思索の流れこそ、イスラーム思想と呼ぶべきものである。

イスラームは、神の意思を追究し、それに従って生きることを至上命題とする宗教である。イスラーム思想とはつまり、神とはどのような「存在」であるかという問いと答えから成る知識の体系であると言っていいだろう。さらに、その存在が真に実在であるためには、神だけではなく我々人間の位置づけもまた影響を受けざるを得ない。神の一性、絶対性というものをひたすら追い求めた人びとの営為が本書の主題である。思想史上で画期となった人びとに対象を絞り、かれらの残した言葉を追うことで、神秘主義・神秘哲学が目指していたものと、イスラームの核心とが重なり合ってくる様子を垣間見ていただければ、著者としての責務は果たされたと考えたい。

註

＊1　Ibn 'Arabī, *al-Futūḥāt al-makkīya*, Bayrūt, n.d., vol.1, pp.153–154.
＊2　井筒俊彦「イスラーム哲学の原像」『井筒俊彦全集』第五巻、慶應義塾大学出版会、二〇一四年、四一五—四一九頁。
＊3　日本ムスリム協会編『日亜対訳・注解　聖クルアーン』日本ムスリム協会、二〇一四年版。

第一章

イスラームとはどんな宗教か

一　啓示から聖典まで

時代状況

イスラームはどのようにして生れたのか。それを理解するために、当時のアラビア半島の社会の状況と創始者の人物像について、まず要点をまとめておこう。

イスラームをアラビア半島の人びとに伝えたのは預言者ムハンマド（五七〇頃—六三二）である。正式な名前はムハンマド・ブン・アブドッラー・ブン・アブドルムッタリブ。「アブドルムッタリブの息子であるアブドッラーの息子であるムハンマド」という意味である。

六世紀後半、世界で有力な文明圏は三つあった。一つ目は、南北朝の分裂から隋《ずい》による統一へと向かう中国。二つ目は、現在のギリシアからトルコ・シリア・エジプトあたりまでを支配する東ローマ帝国（ビザンツ帝国）。もう一つが、その二つの間にあって現在のイランを中心に支配していたササン朝ペルシアである。

このうち東ローマ帝国とササン朝ペルシアは、現在のトルコの東方からシリアのあたりで戦いを繰り広げていた。このため、中国と地中海の間で陸路を使って通商を行っていた人びとは、隊商の安全が確保されないこの地域を避けて北と南に交易路を開拓するようになる。南方を通る道はアラビア半島を経由する。また、東西を海路で結んでいた交易路も、インド洋から紅海に入る経路において、アラビア半島を寄港地とした。こうした複数の交易路において、中継地として栄えたのがマッカや、その約三百五十キロ北にあるマディーナ（当時はヤスリブ）という町であった。ムハンマドはこのマッカに、クライシュ族と呼ばれる部族の一員として五七〇年頃、誕生する。

部族という単位

当時のマッカを町と呼ぶことはできるだろうが、それは国家ではなく、その行政単位でもない。王権と呼べるものは存在しておらず、したがって国王も市長もいなかった。警察機関もなく、明文化された法律もなかったと考えられる。このあたりのオアシス都市は、周辺を砂漠に囲まれている。

ベドウィンと呼ばれるアラブ系の遊牧民が定住することでできた都市であった。彼らは都市に住むとはいえ、砂漠の遊牧民とのつながりを保ち、遊牧民の生き方の延長上にいわば自然発生的に生じた秩序のもとで生きていた。その秩序を形成、あるいは維持していたのが部族という単位だった。部族こそが秩序であり、身元保証、安全保障のよりどころであった。

例えば、ある利益をめぐって人びとの間で争いが起きるとしよう。たとえそれが個人どうしの争いであっても、危害が加えられれば、それはその個人が属している部族全体への挑戦と受けとめられ、部族が責任をもってその報復を行うのである。また、部族Aの掟《おきて》に反して追放を言い渡された人がいたとする。その人はその日から、寝泊りする場所も、財産も、すべて自分個人で確保し守らなければならなくなる。Aに恨《うら》みを抱く別の部族Bの人間から危害を加えられようが、ひいては殺されそうになろうが、誰も守ってくれなくなってしまうのである。そのような社会を思い浮かべることができるだろうか。ムハンマド自身も、のちにクライシュ族から追放されてしまう。しかしある意味では、この追放こそがイスラームの発展の一助となっていくのである。

クライシュ族では、ムハンマドの五代前のクサイイが一族を結集して、カアバ神殿を管理する権利をフザーア族から奪った。この神殿には当時、アッラート、マナート、ウッザーはじめ、周辺で信仰されていた神々が祀《まつ》られ、犠牲が捧げられていた。クルアーン（二章「雌牛」百二十五節から百二十七節）によれば、マッカのカアバ神殿はイブラーヒーム（旧約聖書にも登場する最初の預言者アブラハムのアラビア語表現）とイスマーイール（アブラハムの息子イシュマエルのアラビア語表現）が建てた。イスラーム前の時代についてのアラブの伝承によれば、その後イスマーイールの子孫たちが増え、やがてマッカを離れて生活をするようになる。その際、故郷のマッカへの愛着のあまり、神殿から石を拾っていき、それぞれの定着の地でこの石を置いて、マッカにいた時に行っていた周回儀礼などをその石を中心にして行うようになった。イブラーヒームの宗教を保持するという意味もあったが、やがてこれが偶像崇拝につながったという。*1

このカアバ神殿の管理者となって代々その地位を相続していくことで、こうした神々を信仰する人々のつながりを掌握《しょうあく》できるようになり、これがマッカの支配を可能にする。支配とはすなわち、自らが隊商貿易を興《おこ》し、またマッカを中継点とする隊商から通行料を取り立てるなど、農耕に拠らない経済活動を独占することであった。特定の集団が商業を独占しつづければ、利益は蓄積されつづけ、富者がますます富むようになる。その集団の外にいる者や裕福でない者たちはその恩恵にあずかることができず、不満を募らせるようになる。社会に閉塞感が生れ、公正さへの希望が失われる。五世紀後半のマッカはそのような状況にあった。

啓示の実情

ムハンマドが生れたのは、クライシュ族の一部を構成する氏族ハーシム家であった。父親はムハンマドが生れる前に、また母親も彼が六歳のころに亡くなってしまう。孤児となるが、部族のなかで祖父や伯父の庇護《ひご》を受けて成人し、二十五歳ごろ結婚した。相手は十五歳年上の未亡人で、ハディージャという裕福な商人であった。クルアーンのなかにも、ムハンマドが孤児として成長し、やがて豊かな生活ができるように神が慈愛を施したという意味の言葉がある。

かれは孤児のあなたを見付けられ、庇護なされたではないか。かれはさ迷っていたあなたを見付けて、導きを与え、また貧しいあなたを見付けて、裕福になされたではないか。

（九十三章「朝」六節から八節）

四十歳になる六一〇年ごろ、彼は啓示を受ける。神がムハンマドという一人の人物を選び取って、彼にアラビア語で言葉を伝えた。これがイスラームにおける最初の啓示の理解である。より普遍的に啓示とは、「神が預言者を選んで、自らの言葉を与え、人びとに伝えさせること」となるだろう。

イブン・イスハーク（七〇四頃—七六七）が著し、その後イブン・ヒシャーム（?—八三三）が編集したものが預言者伝のもっとも古いものとして残っている。これはその後の預言者伝の枠組を定めたともいえるだろう。幸い、同書は後藤明氏らによって邦訳されている。『預言者ムハンマド伝』（全四巻、岩波書店）である。同書のなかではムハンマドが神の言葉を受けた最初の体験について以下のように伝えている。*2

神の使徒は、毎年その月にお籠《こ》もりをして〔yujāwiru〕、訪れる貧者に食べ物を分け与えた。神の使徒は、その月のお籠もりを終えマッカに戻っても、すぐには家に入らず、まずカアバへ行って、そのまわりを七周、もしくは神の望み給うだけお巡りしてから、家に帰った。

ついに神が使徒を召命した年の、神が使徒に恩寵《おんちょう》を授《さず》けた月になった。その月とはラマダーン月である。

神の使徒は、例年通りお籠もりをしにヒラー山へ出かけた。家族も一緒だった。とうとう、神が恩寵により使徒を召命し、人類に慈悲をかけた夜になった。神の命をたずさえガブリエルが使徒を訪れた。

神の使徒は言った。

私が眠っていると、彼（ガブリエル）は、文字の書かれた錦の布（あるいは、書付《かきつけ》の入った錦の袋）を持って私の前に現れ、「誦《よ》め（音読せよ）」と言った。私が「何を誦むのか」と言うと、その布で私の首を締め上げたので、死ぬかと思った。彼は私を放し、「誦め」と言った。私が「何を誦むのか」と言うと、私の首を締め上げたので、死ぬかと思った。彼は私を放し、「誦め」と言った。私が「何を誦むのか」と言うと、私の首を締め上げたので、死ぬかと思った。彼は私を放し、「誦め」と言った。私は「いったい何を誦むのか」と言った。そう言ったのは、二度と同じ目にあわされたくない一心からだった。

彼は言った。《誦め、「創造主であるお前の主の名において。主は、凝血《ぎょうけつ》から人間を創造した」。

誦め、「お前の主は寛大このうえなく、ペンで教えた。人間に未知なることを教えた」。》[*3]

私はそれを誦んだ。誦み終わると、彼は私から去った。私は眠りからさめたが、それ（啓示）は心に書きこまれたかのようだった。

そこを出て、山の中を歩いていると、天からの声を聞いた。

「ムハンマドよ、お前は神の使徒である。私はガブリエル」。

天を見上げると、男の姿をしたガブリエルが、両足を地平線にそろえて立ち、「ムハンマドよ、お前は神の使徒である。私はガブリエル」と言っていた。私は、彼を見て立ちすくんだまま、進むことも戻ることもできなかった。顔をそむけようにも、ガブリエルの姿は地平線のあらゆる方向に、同じように見えた。前へ進むことも、後ろにさがることもできないまま、その場に立ちつくしていた。


ヒラーは現在ヌールとも呼ばれる岩山で、マッカから五キロほど離れている。その頂上近くに人ひとり入れるぐらいの洞窟《どうくつ》がある。一般には、ヒラー山の洞窟で瞑想にふけっていたムハンマドに、神が啓示を下したということがよく言われる。

この「瞑想」をめぐる一般的な解釈には問題がないわけではない。というのは、ムハンマドが日常的に瞑想を行っていたかのような印象をこの解釈は与えているが、その解釈には明確な根拠がないようなのである。預言者伝のなかで山に籠もることが言われているが、これはクライシュ族の人びとが行う精進tahannuth（敬虔な行い）の一つであると言われているだけである。[4]その関連で貧者に食物を与えるという慈善行為が述べられているが、そういった行いを瞑想にふけるという意味にとるのは難しいと、『預言者ムハンマド伝』の訳者たちは考えている。[5]とくに家族といっしょに行ったとされ、家族そろって瞑想にふけるというのはやや理解に苦しむところである。

他方、預言者ムハンマドは孤独を好んだとも伝えているので、[6]それとお籠もりという行為を合わせると瞑想という理解につながるともいえるだろう。お籠もりjiwārという語は隣になる、近づくという意味をもつ語なので、神に近づくというような意味にとれるとすると、瞑想をしていたという解釈も可能かもしれない。ただ、いずれの説をとるとしても、その十分な根拠はないようである。

むしろ、この伝承から考えられることは、ムハンマドが神の言葉を受け取るという事件は、ムハンマドの意思とはまったく無関係に、一方的に迫られた、恐ろしい驚くべき体験であったということである。そしてこの体験を得るに際しては、神との出会いを目指して準備をするというような、神秘家的な行動はなんの意味もなかったであろう。

宗教学者ルドルフ・オットーはその『聖なるもの』（一九一七年）という書物のなかで、[7]神は力ある恐るべき存在として、また魅力的な慈愛ある存在として表象されるということを述べているが、このムハンマドに現れ啓示を伝えるジブリール（大天使ガブリエルのアラビア語表現）の姿は、神の恐るべき存在という面を間接的に示しているといえるだろう。イスラームにあっては神それ自体は感覚表象を超えており、形あるものとして描くことのないものであり、この無形の神の働きを、天使がなりかわって体現したということである。啓示を受ける経験のなかでムハンマドは神自身に会ったのだと思ったが、のちに神というものは目にすることのできないものであるという知識を得て、自分の見たものは天使だったと考え直したという説もあり、*8 啓示を伝える任務はこの抗しがたい力で迫られた結果であり、啓示が神に由来することを支える一つの傍証になるかもしれない。

読め、「創造なされる御方、あなたの主《あるじ》の御名において。一凝血から、人間を創られた。」読め、「あなたの主は、最高の尊貴であられ、筆によって（書くことを）教えられた御方。人間に未知なることを教えられた御方である。」
（九十六章「凝血」一節から五節）

これはムスリムの伝統的理解において、一番最初に下された啓示であると考えられている。ただ七十四章一節から十節が最初のものだという伝承もある。これを折衷《せっちゅう》するかたちで、九十六章の諸節が啓示として最初のものであり、その後しばらく啓示は絶え、再開された最初のものがこの七十四章一から十節であるともいう。*9 九十六章は「読め」という神の預言者に対する命令形で始まっており、神の伝える言葉を人びとに読んで聞かせよ、という命令であり、預言者の活動を始めよ、という意味にもとれ、神の最初の語りかけにふさわしい言葉であるといえるであろう。

しかも、クルアーンというイスラームの聖典の名前、qurʾān は、アラビア語で読むもの、読まれるもの、という意味であり、ここでの「読め iqraʾ」という語と同語根であり、ここで読むべきもの、伝えるものはクルアーンである、と敷衍《ふえん》することもできるだろう。このクルアーンは最初の啓示であるという文脈におけば、神の自己紹介であり、世界、人間を創造する者であり、母親の胎内の小さな血のかたまりから人間を作り上げていく者、すべてに勝る最高の存在、そして文字を書くことをはじめすべての人間の技を教示し、すべての知識を与える者、ということになる。誰だかもわからない、恐ろしい迫力で一方的にこのような宣言を語られ、それを読めと圧倒されたムハンマドは驚き、恐れるばかりであった。

ヒラー山を下り家に帰って妻ハディージャに事の次第を話し、自分は悪魔に取り憑《つ》かれたのだろうかと問うた。ハディージャはこのことを、キリスト教徒であり従兄弟のワラカ・ブン・ナウファル（？―六一一頃）に伝えた。彼は、ヘブライ文字を書き、福音書をその文字で写すほどの知識をもっていたが、すでに高齢で、また盲目であったという。夫のムハンマドが体験したことを語ると、彼はハディージャに対して、ムハンマドはムーサー（モーセのアラビア語表現）と同じような「預言者」となったこと、またその預言によって将来迫害を受けるであろうことを予言した。ハディージャはイスラームを受け入れ最初の信者になったが、ワラカは改宗することなくその後まもなく没したという。イスラームはその創始の瞬間において、キリスト教徒の重要な助力を得ていたことになる。

ムハンマド自身はここで神の言葉を伝える預言者としての自覚を得るが、周囲からはジン（妖霊）が取り憑いたものとみなされた。文字通り「ジンに取り憑かれた者」を意味するマジュヌーン

majnūnという語は、気のふれた人を一般的に指す語でもある。ライラという女性を恋い焦がれるあまり気のふれた青年カイスの物語は「ライラとマジュヌーン」という主題でアラビア語やペルシア語などで多くの作品を生んできた。[*10] よく知られたものとしては、「アラジンと魔法のランプ」でランプをこすると出てくる魔人などがジンにあたる。人間同様にいいことも悪いことも行うが、人間の能力を超えた力をもち、神の被造物の一類としてイスラームでもその存在を認められている。イスラーム以前のアラブの詩人たちはジンに憑かれ、その力によって詩を歌い出すのであるが、いつも特定の名前をもつジンに憑かれている詩人もいた。[*11] このように当時シャーマンに類した存在は多く、カーヒン（巫者）、シャーイル（詩人）、サーヒル（魔術師）と呼ばれて、「神がかり」になって託宣《たくせん》を述べていた。ムハンマドは最初それらと区別されず、ジンに取り憑かれて戯言《ざれごと》を口にしているだけだと軽蔑、非難されていた。ムハンマドはそのようなものではないとクルアーンは何度も語り、彼に言葉を下したのは、ジンなどではなく神そのものであると反論する。

かれらは言う。「訓戒が啓示された者よ、本当にあなたは憑かれた者〔majnūn〕である。〔略〕」

（十五章「アル・ヒジュル」六節）

かれらは、「神の外に神はありません。」と告げられると、いつも高慢になった。

そして、「気狂い詩人〔shāʻir majnūn〕のために、わたしたちの神々を捨てててなるものですか。」

と言っていた。

（三十七章「整列者」三十五節から三十六節）

同様にかれら以前の者も、使徒がかれらにやって来る度に、「魔術師〔sāḥir〕か、または気違い〔majnūn〕だ。」と言った。

（五十一章「撒き散らすもの」五十二節）

さあ、かれらに訓戒しなさい。主の恩恵によって、あなたは占い師〔kāhin〕でも気違い〔majnūn〕でもない。

（五十二章「山」二十九節）

主の恩恵において、あなたは気違い〔majnūn〕ではない。
いや、本当にあなたには、尽きない報奨があろう。
本当にあなたは、崇高な徳性を備えている。

（六十八章「筆」二節から四節）

本当にこれは、尊貴な使徒〔rasūl karīm〕の言葉である。
これは詩人〔shā'ir〕の言葉ではない。だがあなたがたは、ほとんど信じない。
また、占い師〔kāhin〕の言葉でもない。しかしあなたがたはほとんど気にもしない。
（これは）万有の主〔rabb al-'ālamīn〕から下された啓示である。

（六十九章「真実」四十節から四十三節）

文字通りの反論だけではなく、この主張に信憑性を与えたのは、ムハンマドに断続的ではあっても一貫して神の啓示が下され続けたという事実であろう。それは彼がマディーナに移り、亡くなるまで二十年以上にわたって続く。こうして彼の周囲では、少しずつ彼の説く教えを受けいれ、ムスリムとなるものが現れてくる。

ムハンマドの人物像

なぜ神はムハンマドを選んだのか。神の使信が正確に人間たちに伝わればいいという意味においては、誰が伝えるかはイスラームにとって本質的な問題ではないと言っていいかもしれない。誰であれ、神の使信を正しく伝える者がいれば、イスラームの実践になんの支障もないからだ。とはいえなぜ選ばれたかという疑問に対しては伝統的に、ムハンマドがもっともすぐれた人間だったからだ、という答えがなされてきた。この場合でもムハンマドを選ぶという選択は神の行ったものであり、それは人知の計り知ることのできないものだ、とはいえるだろう。その意味でなぜムハンマドが預言者として選ばれたのかという議論は、選ばれたという事実を人間の知りうる範囲の思索のなかで説明するという性格のものになる。ハディージャも、彼の有能さと人柄にほれ込んだとの伝承があるが、ムスリムの論理では、神から啓示を受けるような人間は通常の人間ではなく、非常にすぐれた人間であるはずだということになる。より専門的に、神学の議論ではムハンマドの「無謬性《むびゅう》」、つまり彼の言行には一切誤りがないということも主張される。

これには切実な理由もある。もしムハンマドが間違いを犯すような人間であったら、彼が伝えたとされる神の言葉――具体的にはクルアーンの字句――にも間違いが生じてしまう可能性があることになってしまうからである。しかし実際のクルアーンの文言には、次のようなものもある。

またかれらは言う。「これはどうした使徒だ。食べ物を食べ、町を歩き回るとは、どうして天使が遣わされ、かれと一緒に警告者にならないのだろうか。〔略〕」　（二十五章「識別」七節）

ものを食べ、町を歩き回るような普通の人間がどうして神の遣わした使徒であるなどといえるのか、と非難をされているのであるが、ムハンマドも普通の人間であって、なにか神的な性質を備えているような人物ではない、という意味を読み込むことができるであろう。

人と話をしているときにひとりの盲人がムハンマドの邪魔をするように話しかけてきたので、いやな奴だと眉をひそめたところ、神にその態度の悪さを注意される。このような人間らしさも感じられる。

（ムハンマドは）眉をひそめ、顔を背けた。一人の盲人がやって来（て話が中断され）たためである。あなたにどうして分ろうか、かれは清められるかも知れないことが。または訓戒を受け入れて、その教えはかれを益するかもしれないことが。だが何の助けもいらない者（財産家）には、（関心をもって）応待する。しかもかれが自ら清めなくても、あなたに責任はない。だが熱心に（信仰を）求めてあなたの許に来た者で、畏敬の念を抱いている者には、あなたは軽視した。断じてそうあるべきではない。本当にこれ（クルアーン）は訓戒である。

（八十章「眉をひそめて」一節から十一節）

布教の内実

ムハンマドは六一三年ごろ、身内の枠を超えて、人びとに対して教えを説くようになる。彼が伝えた使信がどのようなものであったか、クルアーンの最初期の啓示であると考えられるものによって明らかにしてみたい。

欧米のクルアーン研究は、ムスリムの伝統的理解の基礎の上にさまざまな見解を展開しているが、その成果の一つとしてクルアーンに現れる言葉を歴史的な順序で並べ、イスラームの信仰共同体の歴史的歩みと対応させようとするものがある。そのような研究のなかでムハンマドがマッカ在住時代に神から下された言葉（伝統的に「マッカ啓示」とクルアーンのなかで記されているもの）は、大きく三つの時期に区分される。このなかの一番最初の時期に下されたと考えられる一群の言葉をひろうことで、最初期のムハンマドが伝えた神の使信の概要がわかるであろう。

人間（不信心者）に災いあれ。何とかれに忘恩なことを。かれはどんなものから、かれを創られるのか。一滴の精液からである。かれは、かれを創り、それから五体を整えられ、（母の胎内からの）かれの道を容易になされ、やがてかれを死なせて墓場に埋《うず》め、それから御望みの時に、かれを甦《よみがえ》らせる。いや、かれが命じられたことを、（不信仰者は）果さなかった。かれに、自分の食物に就《つ》いて考えさせてみるがよい。本当にわれわれは、水（雨）を豊かに注ぎ、次いで大地を裂いて切れ切れにし、そこに生長させるものには、穀物、またブドーや青草、オリーブやナツメヤシ、繁茂した庭園、果物や牧草（がある）。あなたがたとあなたがたの家畜のための用益である。

（八十章「眉をひそめて」十七節から三十二節）

神への信仰をもたない人間は、神が人間に施してきたさまざまな恩恵に感謝しようとしない人でなしである、という。神は人間を創造したが、その最初は一滴の精液であり、母の胎内で成長し、誕生してこの世界で生活を送るが、一定の時間が過ぎればこの世界での生命を終わらせ、またいつか復活させる。神はこのように人間を誕生させ、死に至らしめ、さらに復活させる、そういう創造者である。ただ、人間を創造するだけではなく、この世界で人間が生きていくために必要なものはすべて、飲むためや植物を茂らすための水、そして食材として各種の穀物や野菜、果物、さらに食べるためまた働かせるための家畜、このようなすべて生きていくための資材を神は人間に与えてくれている。このような神の人間への恩恵を知れば、当然のことながら、その恩恵を施した神に感謝するのが正しい人間のはずだ、というのである。

かれらは駱駝《らくだ》に就いて、如何に創られたかを考えてみないのか。また天に就いて、如何に高く掲げられたか、また山々に就いて、如何に据え付けられているか、また大地に就いて、如何に広げられているかを。だからあなたは訓戒しなさい。本当にあなたは一人の訓戒者に外ならない。かれらのための、支配者ではない。だが誰でも、背き去って信仰を拒否するならば、神は最大の懲罰でかれらを罰される。本当にわれの許に、かれらは帰り来るのである。かれらの清算は、本当にわれの任である。

（八十八章「圧倒的事態」十七節から二十六節）

ラクダはそれほど水を頻繁にあたえなくても生きていく砂漠では都合のいい動物であり、乗り物として、ミルクという飲料を出し、また肉を食べることもできる役に立つ貴重な生物であり、*12 このようなすばらしいものを神は創造している。高く掲げられた天、堅固にそびえ立つ山、広大に広がる大地、このようなすばらしいものを創っているのも神である。このような神の力を知ったら、神に従うことのほかに道はない。ムハンマド自身もこの圧倒的力によって預言者としての活動、人びとに訓戒を伝える活動に入ったのである。ただ、神の使信を伝えるのが仕事であって、かれらを支配することではない、という。人間に神は数え切れない恩恵を施しており、それを認めないことは考えられない。復活をして人間は神の前に立たされ、裁かれる。その際、神の恩恵を認められなかった者には火獄《かごく》で永遠に苦しむという罰があたえられる、というのである。この最後の裁きは、以下のような言葉で描き出される。

天が裂け割れて、その主（の命）を聞き、従う時、大地が延べ広げられ、その中のものを吐き出して空《から》になり、その主（の御命令）を聞き、従う時。おお人間よ、本当にあなたは、主の御許へと労苦して努力する者。かれに会うことになるのである。その時右手にその書冊を渡される者に就いては、かれの計算は直ぐ容易に清算され、かれらは喜んで、自分の人々の許《もと》に帰るであろう。だが背後に書冊を渡される者に就いては、直《ただち》に死を求めて叫ぶのだが、燃える炎で焼かれよう。

（八十四章「割れる」一説から十二節）

終末時には恐ろしい天変地異が起き、遠い昔に死に去った者もふくめ、すべての人間が復活し、神の前に立つ。生きている間に神の意思を体現せんがため苦労した者はよろこんで神に会うことになる。生前の行いが記されている帳簿をそのような者は右から受け取り、神を認めようとしなかった者は背後からそれを受け取り、永遠に焼かれることになる。

このように、神は人間に数え切れない恩恵を施しており、それに対する人間の対応は、人間が神の存在を思い起こし、感謝の思いをもって神を受け入れ、その感謝を示すことにほかならない神の命令の実践である。

衣を頭から纏《まと》う者（ムハンマド）よ、夜間に（礼拝に）立て、少時を除いて。夜間の半分、またそれよりも少し縮めて（礼拝に立て）、あるいは、それよりも少し多く礼拝に（立て）、そしてゆっくりと慎重な調子で、クルアーンを読め。やがてわれは、荘重《そうちょう》な御言葉（クルアーン）をあなたに下すであろう。本当に夜間（礼拝）に起きることは、最も力強い歩みであり、御言葉を一層明確にする。本当にあなたは、昼間は要務で長く追われる。それであなたの主の御名を唱念し、精魂を傾けてかれに仕えなさい。東と西の主であられ、かれの外に神はないのである。それでかれを、御縋《おすがり》すべき方として仰ぎなさい。（七十三章「衣を纏う者」一節から九節）

かれは孤児のあなたを見付けられ、庇護なされたではないか。かれはさ迷っていたあなたを見付けて、導きを与え、また貧しいあなたを見付けて、裕福になされたではないか。だから孤児を虐げてはならない。請う者を撥《は》ね付けてはならない。あなたの主の恩恵を宣《の》べ伝えるがいい。（九十三章「朝」六節から十一節）

険しい道が何であるかを、あなたに理解させるものは何か。（それは）奴隷を解放し、または飢餓の日には食物を出して、近い縁者の孤児を、または酷く哀れな貧者を（養うこと）。それから信仰する者になって忍耐のために励ましあい、互いに親切、温情を尽しあう（ことである）。

（九十章「町」十二節から十七節）

神への感謝の気持ちを表現する神崇拝の実践は、もちろん礼拝をすること、クルアーンを読むことなど、一般的に宗教儀礼として理解できるものもあるが、それだけではなく、社会的弱者に心を用いることを極めて重視する。奴隷を解放すること、孤児や貧者をやさしく扱うこと、物乞いを冷たく追い出したりはせず、飢えた者には食事を与えること、そして信者同士はつらいことにも忍耐し、互いに助け合って暮らすこと。このような実践が期待されるのである。

イスラーム以前の時代でも、神は創造者であるという観念は存在した。*13 しかし、その神はジャーヒリーヤ（イスラーム以前の「無明《むみょう》」時代）の世界では重視されず、さまざまな部族が自分たちの都合でいろいろな神々を崇拝するなかで影を薄くしていた。ムハンマドの受けた啓示では、神にのみ感謝のまことを捧げることが強調され、このような神々を排撃せよと命じられる。神々の崇拝はマッカの威信を支えるものでもあり、（イスラーム化する前の）巡礼やその時にひらかれる市場などを牛耳《ぎゅうじ》るマッカの支配層にとってこの神々の崇拝は彼らの経済を支えるものでもあった。前述したように、突出した支配層の存在は、一方で社会の片隅で不遇な生き方をせざるを得ない人びとも生んだ。このような状況で、ムハンマドの伝えた神の教えは、神々の否定によってマッカの支配層に不安を与えるものであり、またムハンマド自身の生い立ちとも相俟《あいま》って、社会的正義を強調する教えとしても受けとられ、社会的地位の低い者や正義感のつよい若者など、耳を傾ける者を少しずつ増やしていった。

本書後半ではスケールの大きい思弁的思索を論じるが、イスラームの教えはきわめて常識的な、地に足の付いた実践を説くものである。思弁的思索に従う者は、その思索上の営為にのみ関わっていると我々が考えるのは短絡であり、そのような思想家も、ここでふれたような常識的なイスラーム実践をその生き方の根柢《こんてい》にもっている。思弁の成果である思想は、イスラームが提供する啓示のテクストなどの素材を読み込み、生み出された、一つのすばらしいイスラーム的営為である。しかし、そこにはイスラームの実践につながる局面は表れにくいので、その思想だけをとりあげ、イスラームとして論ずるのは、その論じ方が肯定的であれ、否定的であれ、イスラームの全体を見ていないことになるだろう。仏教においては浄土真宗門徒のなかで知識もなくひたすら阿弥陀仏に信頼しきった生き方をした妙好人《みょうこうにん》といわれる人たちがいたが、これと同様に、小難しい理屈をつけることなく神に感謝し「御恩報謝《ごおんほうしゃ》」*14の信仰実践を行うムスリムの示すイスラームが、すべてのイスラームの営為の根本にあることは確かである。

ムハンマドに見えていた世界

アッラーとはイスラームにおいて神を指すが、決して「アラブ民族にとっての神」や「イスラームだけにおける神」ではない。ユダヤ教やキリスト教で想定されている神とイスラームの神は同一の存在である。ヘブライ語聖書でエロヒムまたはエル（ヤハウェ）と呼ぶ神を、新約聖書（ギリシア語）でテオスと呼び、クルアーン（アラビア語）ではアッラーと呼ぶにすぎない。とくに同じセム語族に属するヘブライ語とアラビア語の、エルとイラーフ（アッラー）は起源的には同じ語であり、セム語で「神」の意味を示す一般的な語と考えられる。ユダヤ教やキリスト教を日本語で論ずるときは一般に神という語を使っており、同じ存在であるのにイスラームのときだけアッラーという語を用いることは、イスラームの神観にふさわしくないと筆者は考えている。

実際、アッラー Allāhという語は、イラーフ（ilāh 複数形はāliha）という、たんに神（英語なら a god/gods）を意味する語に定冠詞alをつけてal-ilāh（英語ならthe godまたはGod）とし、そこからiが脱落してできた語と理解されている。クルアーンのなかで「私の神」というときは、イラーヒー ilāhī（īは「私の」という人称接尾辞）となり、接尾辞がつけば冠詞は脱落するという規則により、もとの形であるイラーフ ilāhが出てくる。

またムスリムはアラビア語の響きを重視したいこともあってアッラーという語を使う傾向があるが、ペルシア語文化圏ではアッラーというアラビア語とともにホダー khudāというペルシア語も使っており、アッラーという語にこだわらなくてもよいと考える。

ムハンマドは先行するユダヤ教、キリスト教の教えを受け継ぎ、越えていくことで布教の内実を構成した。神による天地創造、終末論、最後の審判、天国と火獄などはキリスト教とほぼ同一である。イスラームの観点からいえば、同じ神が啓示しているのだから当然と言えば当然である。

次節で詳しく述べるが、神と人間との関係を契約であると捉える点でも三つの宗教は共通している。クルアーンにもあるが、ムハンマドは最初、「イブラーヒームの宗教に帰れ」という形で宣教をはじめた。イブラーヒームとはアブラハムのことである。ヘブライ語聖書上の人物で、モーセの律法に先立って神と契約を交わした。モーセの、律法による神との契約をユダヤ教の開始と考えるなら、神とイブラーヒームとの契約はそれをさらに遡《さかのぼ》った、ユダヤ教の源流であるといえよう。ここが要点である。イブラーヒームはイスラームでは非常に重視され、クルアーン十四章はイブラーヒーム章と呼ばれるほどである。クルアーンには次のようにある。


イブラーヒームはユダヤ教徒でもキリスト教徒でもなかった。かれは純正なムスリム〔ハニーフ〕であり、多神教徒の仲間ではなかったのである。

（三章「イムラーン家」六十七節）


そこでわれ〔神〕はあなた〔ムハンマド〕に啓示して、純正な〔ハニーフの〕イブラーヒームの道に従え。と（告げた）。かれは、偶像信者の仲間ではなかった。

（十六章「蜜蜂」百二十三節）

ハニーフとは「純粋な一神教徒」を指す言葉である。引用中でも、否定すべき多神教徒・偶像崇拝者と対比されている。

ムハンマドが神から受けた啓示すなわちクルアーンは、先行するキリスト教、またさらに先行するユダヤ教を否定しない。神の言葉を預かったムハンマドにとって誤りが大きいのは、神を信じない者（カーフィル kāfir：不信仰者）であり、なかでも最悪の多神信仰（シルク shirk：一である神に仲間を加える、というのが原義で偶像崇拝も含む）を犯した者である。この者たちは、例えば神による創造や終末の裁きなどの信条を受け入れない。したがって来世において火獄で永遠の火に焼かれるのである。ちなみに罪人が神の裁きによって入れられる場所ということで地獄という語も用いられるが、それを示すもっともよく使われる語はナール nār というアラビア語で、火、炎、という意味であり、本書では火獄という表現を採用している。

ユダヤ教徒・キリスト教徒ら「啓典の民」は、かつて神から啓示を受けながら、残念なことにその後、啓示の内容をゆがめて、それぞれの信仰を形成してしまった。「神は唯一である」とはすでにイブラーヒームに啓示されていたことであるのに、キリスト教徒は神のほかにイエスも信仰の対象にしているではないか。これではいけない。あらためていま正しい形で、神の意思を皆に知らせなければならない――。これが宣教上の立場なのである。そこで象徴になるのがイブラーヒームである。そのような表現が許されるとすればだが、宣教の技術として、ここでイブラーヒームを取り上げていることは説得力を増す結果となっている。どういうことか。

イブラーヒームはユダヤ教の源流に位置する。あるいは、イブラーヒームの宗教はユダヤ教成立以前の、ユダヤ教より古い宗教である、とも言えるだろう。ユダヤ教徒が神の教えをゆがめてしまったという立場からは、「ユダヤ教以前の純正な教えに帰れ」という呼びかけは、筋が通っているのである。ムハンマドは預言者として、それ以前の預言者であるイエスとモーセを飛び越えてイブラーヒームを選び、その信仰へ帰れと呼びかけることによって、イスラームを純正なる一神教の〝再興〟と位置づける信仰を伝えたのである。純粋な一神教の信仰者を意味する「ハニーフ」という言葉も、そうした文脈で効果的に使われていると見ることができよう。

以上から、啓示を受けたムハンマドにとって周囲がどう見えていたかを再現することができる。すなわち、いまマッカで従来の部族的信仰に留まっている多神崇拝者や偶像崇拝者(ムシュリク)は正道を外れているので、かれらに対し、世界の真の創造者である神に帰依するよう教え諭《さと》さなければならない。次いで、ユダヤ教徒・キリスト教徒ら啓典の民も、かつての啓示を思い出し、真正な信仰に立ち返らなければならない人々である。カーフィルたちが、神の言葉を預かる自分の布教に応じたとき、かれらは創造者である神に帰依する人、すなわち「ムスリム」となる。啓典の民は本来の正しい啓示を失ってしまっており、今はイスラームという、かれらが受けた啓示よりも新しい、すぐれた啓示が下されているので、これを受け入れるのがもっとも正しい道であるが、彼らも啓示を受けたという意味では同じ神を信仰しているので、強制的に改宗させることはない、とするのである。*15 イスラームの考え方を理解するうえで、こうした原初の事情を知っておく必要があるように思う。

迫害と移住

クライシュ族をはじめマッカで隊商貿易に関わる人びとは、ムハンマドの宣教を最初は無視し、嘲笑していた。しかし、彼の布教に応じる人が出はじめると、大商人を中心にムハンマドに布教をやめさせるべく、ムハンマドおよびハーシム家には圧力がかかるようになる。しかし、ハーシム家の長《おさ》になっていたムハンマドの伯父アブー・ターリブは、ムスリムになることはなかったが、それに屈せず、ムハンマドの庇護を続ける。クライシュ族のなかでハーシム家だけを排除する動きもあったが、それも切り抜けた。一方、神の啓示を断続的に受け、預言者の自覚をもったムハンマドには布教をやめる理由がない。

当時の社会について、かつてよく言われたのは、大商人たちによる富の独占が進み、貧富の差が拡大して貧しい者たちが不満を溜めこみ、そこへ平等を訴える布教をするムハンマドが現れたため、主に貧しい人びとを中心にムスリムになる者が増えた――という説明であった。しかしその後の研究によれば、ムスリムには貧しいものというよりもむしろ若者――不公正に敏感な人びとと言えるだろう――が少なからずいたようである。（神を通した預言者の）主張に共感し、賛同する者が増え、ムハンマドから直接教えを受けてムスリムになった「サハーバṣaḥāba」（教友）が少しずつ増えていった。預言者は信者が伴ってこそ歴史に残る。当時の社会の状況は、ムハンマドの布教が受け入れられるうえで不可欠のものであったと、今から見れば言うことができるかもしれない。

信者の拡大は、決して順調ではなかった。クライシュ族の圧迫は強まり、早くも六一五年ごろには、紅海を挟んで対岸のエチオピアに信徒八十三人が避難している。エチオピアはキリスト教国であり同じ神を信じる者たちということで受け入れられたという。そのとき残ったのが五、六十名だったというから、まだムスリムは百数十名しかいなかったことになる。迫害を受ける者もあり、アンマール・ブン・ヤースィル*16は両親が迫害されるのに耐えきれずイスラームを否認し、それを悔い、ムハンマドに慰められたという。*17そして六一九年、ムハンマドを支えてきた最高の理解者である、妻ハディージャが亡くなり、さらに、最後まで庇護者であった伯父アブー・ターリブも亡くなってしまう。アブー・ターリブを継いでハーシム家の族長となったアブー・ラハブは、クライシュ族の圧迫に応じ、ムハンマドの庇護をやめる決断をする。こうなるとマッカに居続けるのが難しくなる。

そこでムハンマドはマッカの東にあるターイフという町で布教を試みるがうまくいかない。六二〇年、ヤスリブという町からマッカに来た六名の巡礼者がムハンマドの教えを受け入れ、ヤスリブで起こっている部族対立・宗教対立の調停者としてムハンマドを招くことができないかと考えるようになる。ムハンマドにとっては渡りに舟であった。このヤスリブが、現在マッカと並んでムスリムの聖地とされるマディーナである。当時ヤスリブにはユダヤ系の氏族がいくつかあり、また、アラブ氏族がいくつかあった。しかし、アラブ系の部族はそのなかで形成された二つのグループが、土地をめぐって争いを繰り返していた。この内輪もめに乗じてユダヤ人に支配権を奪われることを恐れた人びとによって調停者としてムハンマドは期待され、それに応じてかれは六二二年に移住した。これをヒジュラ（移住の意）と呼ぶ。そして、今でもムスリムが使うこの暦はこの年を紀元一年とする太陰暦のヒジュラ暦である。例えばラマダーン（断食をする月）はこの暦の「第九月」である。一年の日数が太陽暦よりも十一日少ないので、太陽暦とは毎年ずれが生じ、このラマダーンは夏の場合も冬の場合もある。

ヤスリブは預言者ムハンマドが生活した町として、マディーナ（マディーナ・アン・ナビー「預言者の町」の省略形として）と呼ばれるようになった。その後、調停者として成功し、マディーナを指導下に置いたムハンマドが、マッカと戦いを繰り返した末、六三〇年にマッカを無血開城させ、その二年後にマディーナで亡くなったことは知られている通りである。ただ、マディーナにいたこの時期の出来事で、あまり知られておらず、今の価値観で見れば違和を感じるであろう事実を二つ記しておきたい。

マディーナに迎え入れられたムスリムたち（ムハージルーン「移住者たち」の意）は、マディーナ在住でムスリムとなった人びと（アンサール「援助者たち」の意）に支えられていたとはいえ、さまざまな活動資金まで自由に得られたわけではなかった。そして、アラブの宗教の中心であるカアバ神殿とマッカをイスラームの信仰の中心とすることは、イスラームの威信を高めるためにも必要であり、マディーナにとどまることなく、いずれマッカを回復しなければならない。この、経済的自立の必要と、マッカを支配下に置くために行ったのが、マッカの商人が組んだ隊商を襲撃し、物資や金銭を奪うことであった。端的に言えばこれは掠奪《りゃくだつ》にあたるが、それがアラビア半島におけるベドウィンの生活様式の一端であったことも確かである。そしてこの行為は、自らを迫害したマッカへの、また不信仰者への「ジハード」（聖戦）であり、その手段は掠奪だけでなく、より直接的に金銭を得る手段として、捕虜を取り、家族に身代金を要求することもあった。

もう一つある。ムハンマドはマディーナのユダヤ氏族と、共存するための取り決めである「マディーナ憲章」を結んでいたが、マッカとの戦いのなかでそれが破られたとして、有力な氏族と対決姿勢を強める。カイヌカーウ族とナディール族を包囲攻撃、のち追放し、クライザ族に至っては包囲のあと、女子と子どもを奴隷として売却することを決め、成人男子はすべて殺害した。

これは当時の戦いにあっては普通に見られる行為であったろう。しかし、預言者指導下の行動として「啓典の民」といえどもムスリムの支配権を認めない者には厳格に対処するという形で、規範性を獲得する。現代の人権意識とは合わないが、一定の規範性をもつために、これをどのように現実に適用するかはムスリムの間でも理解に幅があるというのが現実である。

二　ユダヤ教、キリスト教における「契約」

アブラハムはムスリムだった？

イスラームは、ユダヤ教とキリスト教を受け継ぎ発展した宗教である。クルアーンのなかでは、ユダヤ教徒とキリスト教徒は「啓典の民」と呼ばれる。これは「神の啓示によって成立した宗教をもつ者たち」という意味である。

クルアーンには、次のように、神がムハンマドを介して、「啓典の民」に言葉を伝える場面がある。イブラーヒームという人物がユダヤ教徒だったのかキリスト教徒だったのかという当時の論争について、神が言い諭している。

> 啓典の民よ、何故あなたがたは、イブラーヒームのことで論争するのか。律法と福音とは、かれ以後に下されたのではないか。あなたがたは理解しないのか。本当にあなたがたは、（いくらか）知識のあることに就《つ》いて（さえ）論争に陥るのに、どうしてあなたがたは、知識のないことに就いて論争するのか。神は知っておられるが、あなたがたは（何も）知らない。イブラーヒームはユダヤ教徒でもキリスト教徒でもなかった。しかしかれは純正なムスリムであり、多

神教徒の仲間ではなかったのである。本当にイブラーヒームに最も近い人びとは、かれの追従者とこの預言者（ムハンマド）、またこの教えを信奉する者たちである。神こそは、信者たちを愛護される御方であられる。

（三章「イムラーン家」六十五節から六十八節）

イブラーヒーム（アブラハム）は日本ではよく知られた人名だが、確認しておきたい。アブラハムはユダヤ教と聖書において非常に重要な人物である。彼はアダムとイブの遠い子孫にあたる。自らの子イスハーク（イサクのアラビア語表現）を生贄《いけにえ》として捧げるよう神に命ぜられ、それを決意した信仰篤《あつ》き人である（創世記二十二章）。ただイスラームではイブラーヒームはもうひとりの息子イスマーイール（イシュマエル）を神に捧げるということになっている（クルアーン三十七章「整列者」百二節から百十一節）。そしてイスマーイールがアラブ人の祖先であるように、このイスハークがユダヤ人の祖先であり、さらにその遠い子孫がモーセであるとされる。

モーセには神から律法が下された。この律法に基づいて出来上がったのがユダヤ教である。ユダヤ教は、モーセ以前であるアブラハムの時代にはまだ存在していない。また、その律法を否定することで生まれてきたキリスト教も、当然存在していなかった。だから、アブラハムがユダヤ教徒でもキリスト教徒でもなかったということは、右のクルアーンにあるように明らかだといえる。

アブラハムはユダヤ教徒でもキリスト教徒でもなかった。しかし「純正なムスリム」だった、とクルアーンにはある。だが、「アブラハムが、七世紀初頭に興ったイスラームという宗教を信仰していた」と考えることには無理があるだろう。これはどういうことなのか。それを理解するためには、ユダヤ教とキリスト教が神と人間の関係をどうとらえてきたかを簡単に振り返っておく必要がある。

古代イスラエルの契約

ユダヤ教、キリスト教、イスラームの三つの宗教が立てる神は同一であり、エロヒム（ヤハウェ）、アッラーなどの呼び方の違いは言語の違いであって、いずれも「神」を意味することは先に述べた。そして、いずれにおいても神という存在を唯一とする。神を唯一とする宗教を、便宜的に一神教と呼ぶ。そして、ユダヤ教、キリスト教、イスラームの三つをとくに「セム系一神教」と呼ぶことができる。セムとはノアの長子である（創世記九章、十章）。ヘブライ語やアラビア語は言語学でセム語族と呼ばれ、ヘブライ語を使うユダヤ人、アラビア語を使うアラブ人などは「セム語系諸族」と呼ばれるが、これは、セムがこうした民族の始祖であるという伝承にちなむものである。

セム的一神教は、神と人との関係をどうとらえるかにおいても共通点をもつ。「契約」という考え方である。私たちが日常的に使っている意味の契約とは似て非なるものであり、この違いには注意を要する。ラテン語では testamentum といい、それがもとになって、現代英語ではテスタメント tentament という。

三つの宗教のいずれも、神と人とは契約によって結びつけられると考える。そして、人間の救済は、その結びつきをもとにして実現されるとする。セム系一神教において、宗教とは、まさにこの契約を履行することを指すのである。

ユダヤ教の聖典は『旧約聖書』だが、『旧約聖書』はキリスト教の用語である。ユダヤ教の言葉でいうなら『律法、預言書と諸書』である。この「律法Tōrah」、「預言書Nevi'īm」、「諸書Ketuvīm」の三つ言葉の最初の文字をとってタナハTaNaKhと略称されることもある。このうち「律法」には、前出の創世記に加え、出エジプト記、レビ記、民数記《みんすう》、申命記《しんめい》が含まれる。このため別名をモーセ五書ともいう。

「律法」には、神と人（イスラエルの民）との契約について記した箇所がいくつかある。例えば、神とノアとの契約（創世記九章）、神とアブラハムとの契約（創世記十五章）、シナイ山での神とモーセとの契約（出エジプト記十九章から二十四章、三十四章）などである。ノアとの契約では、神は洪水から箱舟で逃れた人間やさまざまな生き物と「契約を立て」、再び洪水で人間たちを滅ぼすことはないと約束する。そして、人間や動物たちが地に増えるよう祝福の言葉を伝えるのである。アブラハムとの契約で神は、アブラハムの子孫は「異邦の国」で苦しめられるだろうが、やがて脱出し、ナイル川からユーフラテス川に至る土地を与えられるであろうと言い、そのことを約束する。この二つの契約では、神が人間に対して一方的に、恩恵を与えることを約束し、人間の側には特別の義務を負わせていない。

これに対してモーセとの契約は少し事情が異なる。ここで神は、「今、もしわたしの声に聞き従い、わたしの契約を守るならば、あなたたちはすべての民の間にあって、私の宝となる」と述べる（出エジプト記十九章五節）。そして、人間の守るべき義務として、神は「わたしをおいてほかに神があってはならない」に始まる十戒（同二十章）、そして具体的な律法を与える。神が提示した律法を守ることで、イスラエルの民は神の「宝」となり、「祭司の王国」「聖なる国民」（同十九章）となるのである。

ここでは神が、民に対して義務を示している。イスラエルの民が、神によって選ばれた民（選民）でいるために遵守《じゅんしゅ》すべき義務である。ノアやアブラハムとの契約と異なり、モーセとの契約では、神と人との両方に義務が課せられているのである。

古代イスラエルにおいて契約は、神と人との関係を規定する、もっとも重要な概念であろう。ただし、モーセとの契約のように人間の守るべき義務を提示するものであっても、絶対的な力をもつ神が一方的にその条件を示し、遵守を命ずるのであって、例えば民の方から神へ要望を伝えたり、交渉したりするような性格のものではない。無限の力をもつ強者である神が、弱者である被造物に対してその意思を顕示するという点では、恩恵だけを与える約束をすることと変わりはない。

ユダヤ教はこの伝統に基づき、モーセによるシナイ山の契約を基礎として、律法による共同体を形成していった。

キリスト教の契約

ユダヤ教を背景として生れたキリスト教もまた、契約の観念を取り込んでいる。キリスト教の聖典は『旧約聖書』(前述)と『新約聖書New Testament』である。「契約」を意味する「テスタメント」がそのまま「聖書」をも意味することは、キリスト教においても契約がいかに本質的なものとして考えられているかを示しているといえる。

シナイ山での契約は、動物の血が流されることで成立した(出エジプト記二十四章)。キリスト教では、十字架の上でイエス・キリストの血が流されることで、神と人との新たな契約が成立したと考える。使徒パウロの理解では、神はシナイ山でモーセと契約を結ぶ前に、アブラハムと契約を結んでいる。そこでは前述のように、神は自由に、人びとに対して何の義務も課すことなく、恩恵だけを与えることを約束している(ガラテヤの信徒への手紙三章)。ここでは、律法にとらわれない、「愛」に基づく神と人との結びつきが想定されている。キリストはこの神の意図の延長線上に、神とアブラハムとの契約を成就する者として、姿を現すのである。

ユダヤ教では、モーセに与えられた律法の遵守を、神と人との契約のしるしとする。しかしキリスト教では、キリストによる人間への愛を信じるということを、契約のしるしとするのである。キリスト教の考えでは、神は人を愛するがゆえに、神の子キリストを地上に遣わした。そして人びとの罪を贖《あがな》うために、キリストを十字架の上で死なせた。だから人間は、自らに代わって死んだキリストを信じる限り、キリストの死によって原罪（神に背いた人間がもつ罪。神に背いて禁断の実を食べ、子々孫々に受け継がれることになった罪〔創世記三章〕と説明することもある）をまぬがれ、神と和解して、平和を実現できるのである。

このように、神との結びつきが律法の遵守によってではなくキリストへの信仰によってもたらされると考えて、キリストを信じること自体を新しい契約と考えるのが、キリスト教の特徴である。イスラームは先行するこれらの宗教的伝統に連なり、同じ神を信じながら、一つの独自の形態を現しているのである。

三　契約を引き継ぐイスラーム

アブラハムの宗教を再興する

古代イスラエルの契約思想は、ムーサー（モーセ）にシナイ山で下された律法に結実し、これを基礎にしてユダヤ教が形成された。他方、キリスト教は律法以前のアブラハムの契約を発展させる形で、新たな契約として、キリストへの信仰という形態を生み出した。イスラームはこのセム的一神教の一つとして新たな道をひらいていったが、その神学的な基礎づけはアブラハムへと帰っていく。これはパウロが示した通りである。

イスラームでは次のように考える。神はアーダム（アダムのアラビア語表現）以来、多くの預言者を人間に遣わしている。ユダヤ教の基礎である律法を伝えたムーサーもそのひとりであり、キリスト教の福音書を伝えたイーサー（同前イエス）もそのひとりである。神の語りかけの、この長い伝統の末端にイスラームは位置する。しかしユダヤ教徒もキリスト教徒も、神の言葉を正しく理解して伝承しなかった。それどころか、彼らの伝える間違った理解によって、イスラームを中傷し、拒絶さえしている。

イスラームはその原初から、ユダヤ教徒、キリスト教徒とのせめぎ合い、論争を経験してきた。こうした、両宗教（信徒）との論争のなかで浮かび上がってきたのが、イブラーヒームの宗教を再興するものとしてのイスラームという立場である。

前節冒頭の、クルアーンの文言に対する疑問へと戻ろう。イブラーヒームはユダヤ教徒でもキリスト教徒でもなかったが「純正なムスリム」だった、とはどういうことなのか。それは、七世紀に興った宗教の信者であるという意味ではない。「ムスリム」とはイスラームの信仰を受け入れる者であり、イスラームとは神に帰依することを意味する。イブラーヒームは、神に帰依する模範的な信仰者であるという意味において、純粋で正しいムスリムであった、と言えるのである。ムハンマドの伝えた法に従うのがムスリムであるが、神に従う者という原義でムスリムという語を使うことも可能であり、イブラーヒームの場合もこれにあたる。次の箇所ではより明確に、イブラーヒームへの回帰が示されている。

かれらは言う。「あなたがたは正しく導かれたいならば、ユダヤ教徒かキリスト教徒になりなさい。」言ってやるがいい。「いや、わたしたちはイブラーヒームの純正の教えを信奉する。かれは、多神教徒の仲間ではなかった。」言え、「わたしたちは神を信じ、わたしたちに啓示されたものを信じます。またイブラーヒーム、イスマーイール、イスハーク、ヤアコーブと諸支部族に啓示されたもの、とムーサーとイーサーに与えられたもの、と主から預言者たちに下されたものを信じます。かれらの間のどちらにも、差別をつけません。かれにわたしたちは服従、帰依します。」

（二章「雌牛」百三十五章から百三十六章）

イスマーイール、イスハーク、ヤアコーブ（ヤコブのアラビア語表現）とは、イブラーヒームに続く預言者たちである。「かれらの間のどちらにも差別をつけない」とは、同じ神から下された預言であれば、どの預言者へのものであっても違いはないということである。

イスラームはユダヤ教、キリスト教との論争のなかで、どちらの先行宗教にとっても尊敬される人物であるイブラーヒームに着目した。そして、イブラーヒームの時代以降に生れたさまざまな誤解、歪曲の結果と考えられるユダヤ教、キリスト教を飛び越えること、そして、それらの母胎であるイブラーヒームの宗教に帰ることを主張したのである。

最後の契約

歴史的には、ユダヤ教、キリスト教に遅れるが、それらの本来の姿を復興するのだというのがイスラームの立場である。イブラーヒーム、ムーサー、イーサーなどの預言者に神は現れ、神への信仰を人びとに広めさせた。すなわち、被造物への神の恩恵を自覚すること、その神へ服従し帰依することが人びとに課された務めであると、教えさせ続けたのである。

神はアーダムの創造以来、繰り返し、イスラエルの民だけでなく、さまざまな民族に異なる預言者を派遣した。そして右の使信を伝え、契約を結んだ。しかしどの民族も、派遣された預言者の言葉を正しく理解せず、その契約をないがしろにした。

そこで最後に選ばれたのがムハンマドであり、彼に啓示された最終の、もっとも正確な使信がクルアーンとなるのである。神がさまざまな民族に預言者を送り、契約を結び、契約が破られるたびにまた結んできたことは、クルアーンのなかでしばしば述べられている。例えば、

われは、以前にアーダムに確《しか》と約束した。だがかれは（その履行を）忘れた。われは、かれがそれに堅固であるとは認めない。

（二十章「ター・ハー」百十五節）

これはアーダムが神との契約を破ったことを記している箇所である。創世記三章の「蛇の誘惑」にあたる箇所だが、クルアーンでは次のように書かれる。

しかし悪魔はかれに囁《ささや》いて言った。「アーダムよ。わたしはあなたに永生の木と、衰えることのない王権を教えてあげましょう。」両人がそれを食べると、恥かしいところがあらわになった。それでかれらはその園の木《こ》の葉《は》でそこを覆い始めた。こうしてアーダムは主に背き、過ちを犯した。

（同百二十節から百二十一節）

アーダムはこの罪によって、「あなたがた両人は一緒にここから下がれ」（同百二十三節）と、楽園から追放されるのである。

それ以後も、イスラエル民族とヌーフ（ノアのアラビア語表現）、イブラーヒーム、ムーサーなどの預言者たちを通して繰り返し神は契約を結び、それはさらにイエスにまで及ぶのである。

またわれが、預言者たちから誓約をとった時を思い起こしなさい。あなたからも、またヌーフ、イブラーヒーム、ムーサー、マルヤム〔マリアのアラビア語表現〕の子イーサーからもとった時のことを。われは、厳《おごそ》かにかれらから誓約をとったのである。（三十三章「部族連合」七節）

われがイスラエルの子孫と、約束を結んだ時のことを思い起せ。（その時われは言った。）「あなたがたは神の外に、何ものも崇《あが》めてはならない。父母に孝養をつくし、近親、孤児、貧者を親切に扱い、人びとに善い言葉で話し、礼拝の務めを守り、定めの喜捨をしなさい。」だが、あなたがたの中《うち》少数の者を除き、背き去った。

（二章「雌牛」八十三節）

われはまた、「わたしたちは、キリスト教徒です。」と言う者とも約束を結んだ。だがかれらも授けられた教訓の一部分を忘れてしまった。

（五章「食卓」十四節より）

クルアーンではイスラエル民族のみならず、アードの民にフードを、サムードの民にサーリフを、ソドムとゴモラの民にルートを、マドヤンの民にシュアイブを、預言者として遣わした（七章「高壁」六十五節から九十三節）。しかし、神は「かれらの大部分の者に、契約を（忠実に）果す者を見いだすことが出来ない。寧《むし》ろかれらの大部分が確かに主の掟に背く者であることが分った」という結論を下すのである（同百二節）。

ムハンマドはこのような状況のなかで最後の預言者として選ばれ、これまでに伝えられた契約のすべてを更新するものとして、クルアーンを伝えたのである。その意味で、クルアーンはもっとも新しい神との契約のしるしなのである。

恩恵を施す神と感謝する人間

古代イスラエルと同様、イスラームの神は絶対的な権威、権力をもつ存在である。被造物に対し多くの恩恵を施すとともに、その恩恵の見返りとして、人びとが神のみを崇拝し、恩恵に対して感謝を示すことを要求する。神と人間の契約は、人間の世界で見られるような、同等の立場で互いに義務を負い合う双務的な契約では決してない。神の側の一方的な発意によって人間に迫り、数えきれないほどの恩恵を施すとともに、恐るべき審判の神として自らを人々に承認させようとする絶対者である。

その神を承認するかしないかの決断を迫られた人間は、この神への服従の道を選ぶか、あるいは己の我《が》を通して、この神の権威を拒むかしかない。後者を選んだ者には神の怒りによる永劫の苦しみが待ち受けている。他方、神への服従・帰依を選んだ者には、最後には永遠の至福が与えられる。「イスラーム」という言葉の意味はまさに文字通り、「神に服従すること」にほかならないのである。

神の意思に従うことを決断した者は、神への感謝の念の具体的な表現として、神の定めた法を遵守することになる。こうして人が、神の定めた正しい生き方をしたならば、最後の審判によって永遠に続く至福の状態に、人間は入ることができるのである。最後の審判という考え方は、一般によく知られているキリスト教でいうものとほぼ同じものである。

人間に対して神が施す恩恵は、実に広大である。これはクルアーン十五章「アル・ヒジュル」、十六章「蜜蜂」、三十六章「ヤー・スィーン」、七十一章「ヌーフ」、七十八章「消息」などで列挙されている。例えば、七つの天、広々とした大地、堅固な山を創る。段階を追って人間を創造し、男女に分け、子女を増やし財産を増やす。照明として月と太陽を設け、夜と昼を分け、太陽・月・星を統御して休息と労働の時間を明確にする。緑の木から火を創り、風を送り雨を降らせ、庭園・河川を設け、それによって穀物や野菜の生産を可能にし、オリーブ、ナツメヤシ、果物そして牧草を成長させる。衣食に役立つ家畜、乗用と飾りのためのウマ・ラバ・ロバを育てる……。

このような神の恩恵の豊かさは明らかであり、それに感謝しないとか、それを拒否するということは考えられないことである。前節でふれたカーフィルという言葉は通常、イスラームの信仰をもたない者、不信仰者を意味するが、その語は本来、神の恩恵に感謝しない者、恩恵を認めない者を意味している。それは次のようなクルアーンの文言にも表れている。

だからわれを念じなさい。そうすればわれもあなたがたに就いて考慮するであろう。われに感謝し、恩を忘れてはならない〔lā takfurūnī〕。

（二章「雌牛」百五十二節）

あなたがたはどうして神を拒否〔takfurūna〕出来ようか。かれこそは生命のないあなたがたに生命を授けられた御方。それからあなたがたを死なせ、更に甦らせ、更にまたかれの御許に帰らせられる御方。かれこそは、あなたがたのために、地上の凡《すべ》てのものを創られた方であり、更に天の創造に向かい、七つの天を完成された御方。またかれは凡てのことを熟知される。
（同二十八節から二十九節）

神の恩恵を説き、神への感謝をクルアーンは繰り返すが、人間は恩を忘れがちであり、神への感謝を示さない者もいる。

或る者が、下るべき懲罰に就いて問う。不信心者は、それを防ぐことは出来ない。〔略〕〔終末の時には〕かれらは互いに顔を合わせることが出来ない程恐れる。罪ある者はその日、自分の罪を贖うために自分の子供たちを差し出そうと願うであろう。〔略〕自分を救えるならば、地上の凡てのものを挙げて贖うことを請い願うであろう。断じて出来ない。本当にかの（地獄の）炎は、頭の皮まで剝ぎ取る。
（七十章「階段」一節から十六節）

神への感謝を示さない不信心者は、神との契約を守らなかった罰として、世界の終末に地獄の責め苦を味わわなければならない。しかし他方、神を恐れ神の命令に従った者は、楽園での永遠の愉楽を報酬として得るのである。この神に対して人間は神の定める生き方を守らなければならない。それは神を信じ、預言者とその伝えた啓典を正しく理解し、定められた義務を果たし、ウンマ（共同体）における公正や信義を守ることである。「正しく仕えるということは〔略〕神と最後の（審判の）日、天使たち、諸啓典と預言者たちを信じ、かれを愛するためにその財産を〔略〕費やし、礼拝の務めを守り、定めの喜捨を行い、約束した時は約束を果たし、また困苦と逆境と非常時に際しては、よく耐え忍ぶ」ことである（二章「雌牛」百七十七節）。

命令に従え、そうすれば十分な報酬を与えようという神の側からの一方的な呼びかけへの応答が、イスラーム（神への帰依）であり、イスラームという宗教自体が神と人との契約をその内実にもっているのである。

神に対する応答としてのイスラーム的生き方の、あるべき姿は、クルアーンのなかに散発的に述べられている。やがてそれはシャリーア（イスラーム法）として結晶する。シャリーアに含まれるさまざまな規定は、それ全体で神による救済の契約の、人間の側に課せられた条件となっているのである。

シャリーアの原義は「水場へと至る道」であり、砂漠で水場に至る道がどのような意味をもつかを考えてみれば、その語が「人間を導く知識の体系」「人間がどう振る舞うべきかを示す法の体系」をも意味することが理解できるだろう。この法規定は、ウラマー（法学者）が、クルアーンおよびハディース（預言者の言行録。後述）を解釈して導き出すことで形成される。この法規定に従うことが、神による救済を可能にするのである。

イスラーム法のなかでは、結婚、売買、貸借などの通常の意味での契約について述べられている。これらは法学者が専門的に関与する領域であり、その具体的な内容は、イスラームの宗教としての考え方をとらえることとは多少、ずれてくるので、本書で詳しくは述べない。

原初の契約

右に述べてきた、イスラームにおける神と人との契約とは性格がやや異なる契約が、クルアーンに記載されている。

あなたがたの主が、アーダムの子孫の背骨からかれらの子孫を取り出され、かれらを自らの証人となされた時を思え。（その時かれは仰せられた。）「われは、あなたがたの主ではないか。」かれらは申し上げた。「はい、わたしたちは証言いたします。」これは復活の日にあなたがたに、「わたしたちは、このことを本当に注意しませんでした。」と言わせないためである。

（七章「高壁」百七十二節）

この句は、歴史物語風というよりも神話風といった雰囲気を醸《かも》し出している。神が自分たちの主であることを、アーダムの子孫たち——すなわち、すべての人間——が承認し証言したことをこの言葉は伝えているのである。

すべての人間がこの契約に参与している。そうである以上、神が主であることは人間にとって普遍的な知識となっており、神の意に背く行為に及んだ者にはいかなる言い逃れも許されなくなるのである。この出来事は神による創造の初めに起こったとされており、この契約はとくに「原初の契約」（ミーサーク mīthāq）と呼ばれる。

このクルアーンの一節は、神と人びとが一体性を保持していた、理想的な神と人間の関係を示していると理解され、その点において神秘家たちに重視されることもあった。また、この節に対しては預言者以来、数多くの人たちがさまざまな伝承を残している。

伝承は、預言者やサハーバ（教友）たちが残した言葉であり、クルアーンだけでは理解しにくい部分を解釈するために参照されたりした。クルアーンの章句ではないため絶対的なものとはいえないが、それでも伝承の数々は集成され、例えばタバリー（八三九―九二三）のように、それによってクルアーン全体の注釈書を作った人もいる。タバリーはこの節に関して四十もの伝承を記録しているが、この「原初の契約」がどのような場、どのような状況で行われたのかを説明する伝承の、代表的なものは、おそらく次のものであろう。

神はナアマーンの地でアーダムの腰から契約をとった。彼は、その腰から彼が創造したすべての子孫たちを取り出し、自分の前に粒子のようにばらまき、そして彼らにしゃべらせた。彼が読んで「我はあなた方の主ではないか」というと、「はいそのとおりです。わたしたちは証言いたします」と彼らは答えた。[*18]

ここで主眼となっているのは、ナアマーンという土地でこの契約が結ばれたということと、アーダムの子孫であるすべての人類が一挙に「粒子として」創造され神が唯一の主であることを承認したということである。これは預言者自身が語った言葉として、ムハンマドの生前を知っている人間（教友）であるイブン・アッバースが伝えたものである。そのため、クルアーンにはない情報も、根拠のあるものとして付け加えられているのである。

人間はこの世界に生れて善悪さまざまな行為をし、終末にそれを神の前で裁かれる。その場において人間が、神の定めた生き方を行うことができなかったのは神を知らなかったためだ、という言い訳ができないように、この世界に人間が生れる前にすべての者に神が主であることを承認させているのである。

これは、すべての人間は生れながらにして神を知っていることを意味し、イスラームが普遍的な宗教であることを含意しているといえよう。クルアーン注釈者バイダーウィー（?―一二八六）が、この句はユダヤ教徒に対し、神と結んだ特殊な契約（モーセとのシナイ山での契約）を捨てて普遍的な契約（イスラームという契約）に向かわせることを意図しているのだ、と主張しているのも理解できるだろう。

イスラームはそれ以前に存在していたユダヤ教やキリスト教の特徴である契約の観念を共有していることが明らかになったが、神と契約を結ぶということがイスラームでは具体的にどのようなものであるかを次章で考えたい。

註

＊1　イブン・カルビー（？―八一九頃）の伝承による。
＊2　イブン・イスハーク著／イブン・ヒシャーム編／後藤明・医王秀行・高田康一・高野太輔訳『預言者ムハンマド伝』第一巻、岩波書店、二〇一〇年、二三一―二三二頁。
＊3　この句はクルアーン九十六章「凝血」一節から五節。
＊4　前掲『預言者ムハンマド伝』二三〇頁。
＊5　前掲書五四二頁の第6章注5。
＊6　前掲書二二九頁。
＊7　久松英二訳、岩波文庫、二〇一〇年。魅力ある慈愛の存在の面は、先に引いたクルアーン九十三章六節から八節などがその例になるであろう。
＊8　W. M. Watt, *Bell's Introduction to the Qur'ān*, Edinburgh, 1970, p.19.
＊9　ブハーリー編／牧野信也訳『ハディース――イスラーム伝承集成』上巻、中央公論社、一九九三年、一七頁参照。
＊10　杉田英明「中東文学における狂の系譜」『文學界』第四十九巻第五号（一九九五年五月号）、一七〇―一八五頁。
＊11　Toshihiko Izutsu, *God and Man in the Koran*, Tokyo, 1964, pp.168–172.
＊12　アラビアでラクダがいかに大きな役割を果たしてきたか、ラクダの文化的意味をさまざまな角度から論じた著作に、堀内勝『ラクダの跡――アラブ基層文化を求めて』（第三書館、二〇一五年）がある。
＊13　あなたがもしかれらに、「天地を創造されたのは誰か。」と問えば、かれらはきっと「神。」と言うであろう。言ってやるがいい、「神を讃(たた)えます。」だがかれらの多くは理解しないのである（クルアーン三十一章「ルクマーン」二十五節）。
＊14　仏教（とくに浄土真宗）で、仏の恵みの恩に報いること。
＊15　「宗教には強制があってはならない」（二章「雌牛」二百五十六節）というクルアーンの句もある。
＊16　すぐ後に述べるアブー・ラハブの奴隷であった人物。
＊17　十六章「蜜蜂」百六節参照。

＊18　イブン・アッバースが伝える預言者の言葉。Ibn Jarīr al-Ṭabarī, *Jāmiʿ al-bayān ʿan taʾwīl āy al-qurʾān*, al-Qāhira, 1388AH/1968, vol.9, pp.110–111.

第二章
ムスリムは何に従うのか

一　神が預言者に下した言葉

クルアーンとムスリム

クルアーンとは、ムスリムにとっては「神の書物」である。いまこの世界に伝わっているアラビア語のクルアーンという書物には、神自身が話した言葉そのものが残されていると理解される。たしかに預言者の口から出てはいるが、ムハンマドは、神が「伝えよ」と言った言葉をそのまま素直に伝えたのであり、もし「ムハンマドはこう言った」といってクルアーンの句を引用してしまうと、ムスリムにとっては見逃せない誤りとなってしまう。ムハンマドが偉大であったとすれば、それは預言によってムスリムを正しく導いたからではなく、神が伝えよと言った言葉を一字一句たがえることなく伝えることができたからである。

かれはさまざまな状況のなかで啓示を伝えた。マッカで宣教を始めたとき、迫害を受けてマディーナへヒジュラ（移住）したとき、マディーナで信者のウンマ（共同体）を形成しはじめたときなど、多様な状況それぞれにふさわしい内容の啓示が下されたが、そうした状況の観察に基づいてムハンマドが判断したのだと考えてしまうと、イスラームの立場を離れてしまうのである。

われわれがクルアーンを読むとき、かならずしもそうしたムスリムの立場からのみ読むべきだと述べているわけではない。クルアーンは一冊の書物として、古典として読まれるべきものでもある。とはいえクルアーンが書かれた、伝えられたということは、それが伝える使信に従って生きていこうと考えた人びと、すなわちムスリムにとってこそ、もっとも重要な事実であった。そこで、クルアーンがムスリムに訴えかけること、またムスリムがそこから読みとることの内容を説明しておきたい。

ムスリムは神の意図に従って生きることを目指す人びとである。神の意図がもっともよく表れているのがクルアーンである。ムスリムは、生きていくうえで考えるべきことのすべてを、クルアーンから引き出していかなければならない。クルアーンをさまざまな方向から読み、さまざまな意味を引き出し、その意味を現実の行動や形式にしていくということが、ムスリムが生きていく過程となるのであり、クルアーンは生き方の根源になる書物なのである。

それを実感したことがある。筆者が数年前にイランで行われたある学会に出席した際、そこへ来ていたトルコの高名な学者がこう言った——まずクルアーンがあり、そのあとさまざまなイスラームのシステム、例えばフィクフ（法学）やカラーム（神学）などが出来上がっている。しかし、あとからできたものがすべてなくなってしまったとしても、我々にはクルアーンという一冊の書物があるのだから、それさえあればほかのものは何もなくても全然構わないのだ、と。自信に満ちた、どこか嬉しそうな表情が印象的であった。それほどまでにクルアーンは、ムスリムにとって根源的なものなのであると実感されたものだった。

誰にでも、軽んじないでほしいものがある。ムスリムにとってはそれがクルアーンであり、その書物自体ですらある。筆者が授業で、教壇の机にクルアーンを含む数冊の書籍を置いたとき、たまたまクルアーンの上に本が何冊か載っていたことがあった。それを見たムスリムの受講生が、クルアーンの上には本を置かないでほしいと申し出てきたことがあった。このように、日常的な状況においてもクルアーンはモノとしても尊重されるのである。

クルアーンの形成

クルアーンの内容を理解するために、必要な範囲で、書物としてのクルアーンが成立した経緯についていくらか述べておきたい。ムハンマドは六一〇年ごろから二十年強にわたって、断続的に神の啓示を受けた。啓示の言葉は、ムハンマド自身が記憶し、また周囲の人びとが神の言葉として暗記するよう努めた。かたや、石に刻みつけたり、動物の骨に彫り込んだり、羊皮紙に書きつけたりすることで、神の言葉は記憶された。

ムハンマドの存命中は、それらをまとめて一冊にするという試みはなかったと思われる。ムハンマド没（六三二）ののち、三代目のハリーファ（いわゆるカリフ。預言者の後継者）となったウスマーン（・イブン・アッファーン、?―六五六。ムハンマドの娘婿）が聖典としてまとめる作業を命ずる。当時イスラーム勢力はすでに現在のイラン東部からエジプト、リビア方面まで支配地域を広げていたが、それだけ広くなると、各地で言い伝えられる神の言葉に統一がとれなくなっていた。ウスマーンは自らの支配を正当化するイスラームの教えの根幹が揺らぐのではないかと懸念し、クルアーンを聖典として「結集《けつじゅう》」する命を下した。これをウスマーン本といい、いま私たちが手にできるアラビア語のクルアーンはすべてこれに帰っていくものである。しかし、この時代のアラビア文字には母音を表す表記法が未整備であったため、最初のクルアーンは子音のみの表記であり、いくつかの子音字は区別が出来なかったため、音読のしかたはこのあともいくつか違うパターンのものが生れている。*1 以上が、ムスリムおよび欧米の研究者間でも一致をみている見解である。

クルアーン編纂《へんさん》の経緯については厖大な研究蓄積がある。そのなかにはウスマーン時代より前に開始されたという説もあれば、ムハンマド没より二百年ほどあとの時代にまとめられたと考える興味深い説*2もある。これについて、少々本筋から外れた議論になるが、クルアーン研究の積み重ねの例として示しておきたい。

この興味深い説は、クルアーンのなかにユダヤ思想のうち分派的なものの要素がみられることに着目し、編纂は現在のイラクのバグダードあたりで行われたと考える。この説に従うとすれば、クルアーンの言葉が神の言葉であるということ自体が揺るがされてしまうことになり、ムスリムには到底受け入れられない説になる。説が出た当時、提唱者とムスリムのあいだの議論はまったく並行線をたどらざるをえなかった。

ここ十年ほど、またクルアーン写本の研究が進んでおり、そのなかで近年注目を集めている写本がある。[*3] この写本は羊皮紙に古い書体で書かれたものであり、フランスとロシアの研究機関が分けてもっている。写本の由来は、カイロにアムル・モスク（アムル・ブヌ・ル・アース・モスク）というエジプト最古のモスクがあるが、そのモスクの書類捨て場にあったものを、十九世紀にフランスの学者が持ち帰ったことに始まり、かれが亡くなるときに一部をロシアに売ったというものである。かつてはクルアーン最古の書体といえば、イラクの地名クーファにちなんだクーフィー書体であったが、この写本で使われていたのはそれよりも古い書体――マッカやマディーナのあたりを指す地名「ヒジャーズ」にちなんだヒジャーズ書体――であった。これはヒジュラ暦でいう一世紀後半（西暦六〇〇年代末ごろか）にできたものであろうとされる。そうなると、預言者の死後五、六十年のうちに書かれたものであることになる。そして内容はウスマーン本の四割ほどに該当しており、構成もウスマーン本と矛盾するところはない。こうなると、クルアーンがムハンマド没の二百年後にバグダードで作られたという説には無理が出てくることになる。つまりムスリムが伝統的見解として受け入れている説の方が信憑性が高いということになってくるだろう。

クルアーンの構成

クルアーンを開いたこともないという人は多いだろう。本書ですでに数多く引用した句からもわかるように、クルアーンの内容は実に多彩であり、相当の分量をもっている。しかし書物の性質と構成を理解し、慣れてしまえば、比較的楽に読み進めることができるようになるだろう。

クルアーンは全百十四のスーラ（章）から成る。それぞれのスーラの長さは、例えば日本語訳の文庫本でなら七十ページを超えるものから一ページに満たないものまであって非常に幅広い。そして、冒頭の章をのぞいておおよそスーラの分量が長い順に配列されている。スーラという語には、同じ語根のスール（壁）という言葉から考えて、クルアーンを区分する壁というような意味があるものと思われる。その一つ下位の区分はアーヤ（節）であり、この語には「神徴」（神のしるし）という意味がある。イスラームには〝すべてのものが神のアーヤである。神によって創られており、神性の顕《あらわ》れである〟という言い方があるが、アーヤを目撃することで、我々は神の存在およびその働き、その力をみることができるはずであると考える。すべての被造物は神徴、神が存在していることを表す徴《しるし》であるという見方である。

さらにまったくべつの区切りも存在している。これは内容とは関係ないもので、ラマダーン（九番目の月）と関わるものである。クルアーン全篇を、単純に文章量で三十等分して、さらに四分割するのである。アラビア語のクルアーン原典では、日本で手に入るものをふくめ、この百二十分割の印が必ず入っている（例えば最初の区切りは二章「雌牛」二十五節と二十六節の間）。

ムスリムにとってはクルアーンに何が書かれているかだけではなく、クルアーンを読む（読誦《どくしょう》する）ことも非常に重要である。これは本書の主題に関わってくることであるが、クルアーンが神の言葉そのものなのであれば、神が下されたクルアーンを自分で口に出して読誦するということは、ある意味では、まさに神と自分とが一つになるという、至高の体験につながるのである。人間に許される限りでもっとも神に近づく手段が、クルアーンを読むという作業であるということもできるだろう。

こうした態度と関連して、三十（百二十）等分の印は、ラマダーンに大きな意味をもってくる。ラマダーンとはヒジュラ暦の九番目の月であり、サウム（斎戒）が義務付けられている。飲食や喫煙、性交が禁じられるのは日の出前から日没までである。この期間において、夜間、クルアーンを読誦することには大きな恩恵があるとされており、この三十等分の印に従って毎晩読んでいくと、ちょうどラマダーンの三十日をかけてクルアーンすべてを読み終えるということになっているのである（その一晩のなかでの区切りの目安として、さらなる四等分の印もある）。

第十章以外のすべてのスーラは、「ビスミ・ッラーヒ・ル・ラフマーニ・ル・ラヒーム」（慈悲あまねく慈愛深き神の御名において）で始まる（アラビア語、音写、日本語の対応訳は後出）。この文句はムスリムが書く本の扉にも用いられることが多く、何か事を始めるときに唱える言葉という意味ももっている。何かを行うときはすべて神の意思によって行い、また神の助けによって行われているのだ、ということの表明であり、日常生活のなかでも、神を称え、神に感謝する際に使われている言葉である。

また、すべてのスーラには名前がついている。最初の章が「開端」、二番目の章が「雌牛」、……そして最後の章が「人々」となっており、それぞれを開端章、雌牛章、人々章のように呼ぶこともある。非ムスリムにとっては数字だけで一章、二章と名づけておけば足りるように思われるが、これは西欧の研究者が便宜的に番号を振ったものであって、本来のアラビア語のクルアーンにはスーラの名前に数字は入っていない。ムスリムにとってはむしろ「雌牛（章）」という指示の方が把握しやすいのである。フィクフやカラームにおいてクルアーンを典拠として持ち出す場合、「雌牛（章）にあるように」のような引用を行うのである。

こうした命名は、その章において鍵となる言葉に由来している。例えば五十八章「抗弁する女」は全部で二十二節あるが、

神は、自分の夫に就いてあなたに抗弁し、なお神に不平を申し立（て祈）る女の言葉を御聞きになられた。神は、あなたがた両人の議論を御聞きになられた。

（五十八章「抗弁する女」一節より）

のように、この章の主題に関わるところで、「抗弁する女」が出てきている。ムスリムの立場を離れてクルアーンに向かうことがあるなら、スーラ命名の由来をさぐりながら読むという興味の持ち方も、あるかもしれない。

クルアーンを見ればわかるが、すべてのスーラには「マッカ啓示」「マディーナ啓示」のどちらかが付されている。これは啓示がヒジュラ以前か以後かという違いである。おおよその傾向としては、マディーナ時代の方がウンマを統治するうえでの決まりごとを述べるという性格が強いと言える。マッカ時代にはウンマの形成は叶《かな》わず、マディーナで実際に統治を行うようになってから実際的な問題への対処として、神が預言者に啓示を下したからである。

信仰する者よ、あなたがたの一人に、臨終が近付いた時は、あなたがたの間で証言を取れ。遺言書の作成の時は、公正な二人の証人をあなたがたの中から立てなさい。また、もしあなたがたが地上を旅していて、死の苦悩があなたがたに降りかかったならば、あなたがた以外（の民）から二人を、礼拝の後、引き止めて（依頼しなさい）。

（五章〔マディーナ啓示〕「食卓」百六節より）

妻と縁を絶つことを誓う者は、四カ月待たねばならない。もし（離婚の意志を）ひるがえすならば、誠に神は寛大にして慈悲深くあられる。またかれらが、もし離婚を堅く決心したならば、誠に神は全聴にして全知であられる。離婚された女は、独身のままで三度の月経を待たねばならない。またもしもかの女らが、神と最後の日を信じるならば、神が胎内に創られたものを、隠すのは合法ではない。（二章〔マディーナ啓示〕「雌牛」二百二十六節から二百二十八節）

このように、ウンマを統治し運営していくうえで必要な規則などが述べられているのは主にマディーナ啓示である。これに対し、詩的で時にやや謎めいた表現をともなうマッカ啓示は次のようなものがある。

吐く息荒く進撃する（馬）において（誓う）。
蹄《ひづめ》に火花を散らし、
暁《あかつき》に急襲して、
砂塵を巻き上げ、
（敵の）軍勢の真っ只中に突入する時。
本当に人間は、自分の主に対し恩知らずである。
それに就き、かれは誠に証人であり、

また富を愛することに熱中する。
かれは墓の中のものが発《あば》き出される時のことを知らないのか。
また胸の中にあるものが、暴露されるのを。
本当に主は、その日、かれらに就いて凡て知っておられる。

（百章〔マッカ啓示〕「進撃する馬」）

ジャーヒリーヤ時代の部族間の戦いの印象が詩的心象として現れているとともに、人間の性格を描き出し終末の裁きを伝えている。いずれにせよ短く、強い印象を喚起する文章が続くのがマッカ啓示の特徴である。

また、次のような句もある。

かれらがかれら（信者）を迫害したのは、偉力ある御方、讃美されるべき御方神を、かれら（信者）が信仰したために外ならない。かれに、天と地の大権は属する。神は凡てのことの立証者であられる。本当に信仰する男と女を迫害して、それから悔悟しなかった者には地獄の懲罰があり、またかれらには炎火の懲罰があろう。信仰して善行に勤しんだ者には、川が下を流れる楽園があろう。これは偉大な幸福の成就である。本当にあなたの主の捕え方（懲罰）は強烈である。かれこそは創造をなされ、またそれを繰り返される御方である。かれは、寛容にして博愛ならびない御方。

（八十五章「星座」八節から十四節）

信仰のために迫害した者には業火で焼かれるという罰が下される。この迫害のなか、それに耐えて信仰を守った者たちには砂漠のオアシスを思わせるような川の流れる楽園が約束されているという。神は創造者としてあらゆる力の持ち主であり、悪を行い悔い改めない者には厳しい懲罰を、善を行う者には優しく楽園へと導くことを伝える。単なる勧善懲悪ではなく、少数派であった時代に苦しむ信徒への励ましの意味もあったであろう。

読誦のかたち

クルアーンは「韻《いん》を踏んだ散文」と表現されることがある。アラビア語の詩は二つのミスラーウ（半句）からなる一つのバイト（詩行）がいくつも続くことで一つの詩の作品を形成する。韻とは脚韻《きゃくいん》のことで、バイトの最後の音節の音がすべてのバイトで揃うことを指す。律とは、長短の音節の組み合わせの型が、すべてのバイトで揃うことを言う。

クルアーンの文体はイスラーム以前のカーヒンと呼ばれるシャーマンの語り口であるサジュウであるといわれ、散文であるが韻を踏んでいる。律はない。これが、ゆるやかに韻を踏んだ散文と呼ばれる所以《ゆえん》であり、詩文と普通の文章の中間に位置する文体といえよう。ここではアラビア語と、それを音訳（ローマナイズ）したアルファベット、そして日本語訳を次頁に載せるので、クルアーンの生の文章に触れてみていただきたい。これはクルアーン冒頭の章「開端」の全文で、ムスリムが礼拝のときに必ず唱える句である。

一行目が、前項で述べた「ビスミ・ッラーヒ・ル・ラフマーニ・ル・ラヒーム」である。上段のアラビア語は右から読む。音読すると、おおよそローマ字書きした中段のような音になるが、行末はすべてイーム、イーンという同じ響きで終わっているのである。これを朗読すると独特の律動と印象が生れる。ただしアーヤが長くなってくるとその効果は薄れてくる。

クルアーンの原義は「読誦されるもの」という意味である。声に出して読むことが前提され、それが名前にも表れているのである。アラビア語でのクルアーンの朗誦は現在インターネットで自由に聞けるが、そこでは、一千年以上にわたって引き継がれてきた「読みあげる」技術にふれることができる。

アラビア語は語根から成り立つ。語根とは基本的に三つの子音の組み合わせであり、それによって言葉の意味がつくられるのである。Q、R、「ʼ」の三文字が語根であり、この三つにさまざまな母音や付加的な子音を加えることで「読む」に関連した動詞、名詞などをつくっていく。qaraʼaが「読む」の三人称単数男性形の完了形であり、qāriʼは「読む人」、qurʼānは「読まれるもの」となり、定冠詞をつけてal-Qurʼānとなったものが、神の言葉の書物としてのクルアーンである。

預言者以前の時代、アラビア半島でシャーマンが活躍していたことは前章で述べた通りであるが、

بِسْمِ ٱللَّهِ ٱلرَّحْمَٰنِ ٱلرَّحِيمِ
ٱلْحَمْدُ لِلَّهِ رَبِّ ٱلْعَٰلَمِينَ
ٱلرَّحْمَٰنِ ٱلرَّحِيمِ
مَٰلِكِ يَوْمِ ٱلدِّينِ
إِيَّاكَ نَعْبُدُ وَإِيَّاكَ نَسْتَعِينُ
ٱهْدِنَا ٱلصِّرَٰطَ ٱلْمُسْتَقِيمَ
صِرَٰطَ ٱلَّذِينَ أَنْعَمْتَ عَلَيْهِمْ غَيْرِ ٱلْمَغْضُوبِ عَلَيْهِمْ وَلَا ٱلضَّآلِّينَ

bi-'smi 'llāhi 'rraḥmāni 'rraḥīm(i)
al-ḥamdu li-'llāhi rabbi 'l-‘ālamīn(a)
ar-raḥmāni 'r-raḥīm(i)
māliki yawmi 'd-dīn(i)
iyyā-ka na‘budu wa-iyyā-ka nasta‘īn(u)
ihdina 'ṣ-ṣirāṭa 'l-mustaqīm(a)
ṣirāṭa 'lladhīna an‘amta ‘alay-him ghayri 'l-maghḍūbi ‘alay-him wa-la 'ḍ-ḍāllīn(a)

慈悲あまねく慈愛深き神の御名において。

万有の主、神にこそ凡ての称讃あれ、

慈悲あまねく慈愛深き御方、

最後の審《さば》きの日の主宰者に。

わたしたちはあなたにのみ崇め仕え、あなたにのみ御助けを請い願う。

わたしたちを正しい道に導きたまえ

あなたが御《み》恵みを下された人々の道に、あなたの怒りを受けし者、また踏み迷える人々の道ではなく。

（1章「開端」、なおアラビア文字は中田考監修『日亜対訳 聖クルアーン』〔作品社〕より転載）

かれらはサジュウと呼ばれる語りの形式をもっていた。ムスリムからするとやや認めがたいことではあるが、事実としては、クルアーンの語り口はシャーマンの語り口と共通しており、ムハンマドに対立する者たちから、しばしばその類似性を主張された。しかし、ムスリムにとって大きな違いは、その人に語らせているのが、被造物であるジンのたぐいなのか、あるいは創造主である神なのかという点である。

さて、ムハンマドがさまざまな状況で受けたアラビア語の使信を、そのままアラビア文字にしたのがクルアーンである。そのことはクルアーン自体に述べられている。

われ〔神〕は、アラビア語のクルアーンを下した。
（十二章「ユースフ」二節より）

このように明確に書かれていることもあって、アラビア語でこそそのクルアーンなのである。クルアーンは、日本語訳では文庫本で三冊に及ぶ（井筒俊彦訳の岩波文庫。作品社の中田考監修版は日本語とアラビア語の対訳形式で、単行本でクルアーン本文部分は七百ページ弱）が、例えば井筒俊彦は次のように述べている。

『コーラン』はアラビア語の原文でこそ聖典である。外国語に訳された『コーラン』はすでに聖典ではなく、一個の俗書であり、原文の一種の極めて初歩的な註釈であるにすぎない。[*4]

イスラームには、聖典に接する態度において求められる忠実さ、また聖典の書物そのものへの敬意という点でほかの宗教に勝る厳格さがある。それをムスリムでない人間も実感することがあるだろう。この、聖典への最高度の重視はどこからくるのかといえば、それは右のクルアーン本文にもあったように、神が、アラビア語で啓示を下したという事実である。クルアーンの句が示す意味内容だけでなく、それを表記する言語という形式も直接的に神の賜物《たまもの》であるという事実が、クルアーンに対して厳格な態度をとらせるのである。

さて、この口伝えの過程にムハンマドの創意や主体性はないし、あってはならない。預言者はあくまで神の言葉を預かる者であり、神の言葉を改変したり、隠したりすることがあってはならないのである。クルアーンの句に向き合う者はそのことを忘れてはならない。そして、詳しくは後述するが、クルアーンにはすべてが含まれていると考えるのがイスラームの考え方である。ムスリムにとって、神の意思のすべてはここに表現されているのである。

二 預言者ムハンマドの言行

ハディースの定着

イスラームの教えの基本は二つである。すなわち、唯一の神のほかにはいかなるものも神に類するものとは認めないことと、預言者ムハンマドを神の使徒と考えることである。つまり神と預言者の権威を認め、それに従うことである。

神の教えはクルアーンという形で人間に伝えられ、そこに記されていることは人間の従うべき最高の指針となった。しかし、クルアーンの内容は時として漠然としすぎていて、ムスリムの行動を明確に定めるのに十分ではないことが少なくない。

ムハンマドの役割は、預言者として神の啓示を伝えるだけではなく、イスラームに基づいて形成されたウンマ（共同体）の、すべての面において指導を行うことであった。そして常に、実際上の問題を解決する役割を果たしていた。これはムハンマドに固有の権威であった。そして、共同体の実際のあり方は、ムハンマドが行動規範を示し、信者がそれに従うことによって決まっていった。具体的には、ムハンマドが、この新しい信仰によって必要になった儀礼や、人がどんなときにどんなことをするべきかなどを新たに定めたり、従来から行っていた伝統的慣習を新しい信仰のなかに位置づけて定義しなおしたりして、人びとがそれに倣《なら》った。このようにして、神と使徒の権威を認め、それに心身ともに従うのが、ムスリムの模範的な生き方となったのである。

イスラームが興る以前から、人間の行動を規定する規範、理想的な行動の規範は「スンナ」というアラビア語で表現されていた。例えば、部族の成員が名誉を傷つけられたら部族全員で復讐《ふくしゅう》を行うとか、お客が来たら財産をなげうってでも歓待するとかいった、父祖が守ってきた慣例のことである。しかし、イスラーム時代となってスンナは「範例」——ムスリムが何を信じ、何を言い、何を行うのかについての規範——を意味するようになる。スンナは、イスラーム最初期には必ずしも預言者個人だけに帰されるものではなかったようだが、やがてそれは、神の使徒ムハンマドの活動のなかに体現されるものであり、「ハディース」と呼ばれる文献のなかに具体的に記録されるものだと考えられるようになった。

ハディースḥadīthとは「語ること、談話、報告」などを意味する語である。それがイスラームの教義上は、「預言者やサハーバ（預言者を直接知る第一世代の信者。教友）たちの言行を言い伝える伝承」となり、「言行録」となった。ハディースの語は預言者以外の人についても用いられるが、通常は、サハーバが預言者ムハンマドの言行（すなわちスンナ）を伝えた伝承を指す。サハーバは、ハディースを最初に語った者として敬愛される存在でもある。このように、信者の範例としてのムハンマドの言説、行動、承認を記録し伝えているのがハディースである。

使徒であれ教祖であれ、一つの宗教を広めた人物の言行を記録し、その人間を尊敬したり崇拝したりすること自体は、普遍的な現象といえよう。それは儒教における論語やキリスト教における福音書でもみられることだが、イスラームの特徴といえるのは次の点にある。イスラームが生れた当時のアラブ社会では、父祖たちの伝えた伝統を守っていくことが最高の美徳とされていた。この旧来の世界観は、新しいイスラームの信仰と激しく対立する。やがてイスラームの優勢が確立して旧来の世界観は姿を消した。しかし伝統の重視という民族的性格は、イスラームの父祖やサハーバの言行のなかに目指すべき理想を見るという形で、今度はイスラームのなかに息づくようになる。伝統を重んずるアラブの民族性が、普遍的に見られる宗教感情——例えばキリスト教におけるイエス信仰、儒教における孔子への尊崇《そんすう》など、宗教の創始者に対する信仰や崇拝——とともに、ハディースの重視に貢献したと考えられる。

クルアーンとの関係

ハディースがムスリムの行動規範であることについて述べてきたが、ムスリムの従うべき最高の聖典はもちろんクルアーンである。ハディースとクルアーンとの関係はどうなるのか。

端的には、クルアーンだけではどう行動すればいいかわからないときにハディースを参照すべしという位置づけになっている。クルアーンは神の言葉そのものであり、本書を通じて強調するように、クルアーンには「神の意思のすべてが詰まっている」。とはいえ、例えば次のような場合にムスリムには迷いが生じることになる。

礼拝〔ṣalāt〕の務めを守り、定めの施し〔zakāt〕をなし、立礼〔rukū'〕に勤《いそ》しむ人たちと共に立礼しなさい。

（二章「雌牛」四十三節）

忍耐と礼拝によって、（神の）御助けを請い願いなさい。だがそれは、（主を長《おそ》れる）謙虚な者でなければ本当に難かしいこと。

（同四十五節）

太陽が（中天を過ぎ）傾く時から夜のとばりが降りるまで、礼拝の務めを守り、また暁には礼拝をしなさい。本当に暁の礼拝には立会人がいる。

また夜の或る時間を起きて礼拝を務めれば、あなたのために余分の賜物《たまわりもの》があろう。主はあなたを、光栄ある地位に就かせて下される。

（十七章「夜の旅」七十八節から七十九節）


このように、ムスリムにとって礼拝が重要であることがほかの部分でも繰り返し述べられるが、では具体的に礼拝とはどのように行えばいいのかは、クルアーンを文字通り読むだけでは、一般のムスリムにはわからないのである。

神は具体的な手順については直接には教え給わなかった。それなら、神の言葉を直接伝えられた存在であるムハンマドはどう礼拝を行っていたのか――そこでハディースが参照される。この場合は、右の引用の最後にある「夜の旅」章の冒頭に「かれ（神）に栄光あれ。そのしもべを、（マッカの）聖なるマスジドから、われが周囲を祝福した至遠の（エルサレムの）マスジドに、夜間、旅をさせた」[*5]とある挿話にちなんだハディースになる。

「〔略〕わたしは〔神に〕一日五十回の礼拝を課せられた。帰り道にムーサの傍を通りかかったとき、『何を命じられたか』と尋ねたので、わたしが『一日五十回の礼拝を命じられました』と答えると、彼は『あなたの民には一日五十回の礼拝など決してできないだろう。〔略〕もう一度主《しゅ》のところへ戻ってあなたの民の義務を軽くして頂くようお願いしなさい』と言った。そこで戻ると、主は十回減らして下さったが、わたしがムーサのところへ行くと、彼は前と同じことを言った。〔略〕最後に主のもとへ戻ったとき、わたしは一日五回の礼拝を命じられたが、ムーサのところへ行き、そのことを話すと、彼は『〔略〕さらに軽くして頂くようお願いしなさい』と言った。しかしわたしは『〔略〕これでわたしは満足し、主にお任せします』と言った。こうしてわたしがムーサのもとを立ち去ろうとしたとき、『わたしは僕《しもべ》らの務めを軽くし、その義務を定めた』という声がどこからともなく響いた」と。[*6]

最初は「五十回」であった礼拝の回数を、ムーサー(モーセ)の助言に従って神に減らしてもらい、最終的には「一日五回の礼拝を命じられた」ムハンマドが、「これでわたしは満足し、主にお任せします」と言った。いま世界中のムスリムが一日に五回の礼拝をしなければならないと考える一つの根拠は、ここにあったのである。

ハディースの規範性はしかし、クルアーンと無関係ではありえない。ハディースが規範でありうるのは、もちろん尊敬すべき指導者の言葉だからということもあるが、まずはクルアーンに根拠があるからである。

誰でも神とその使徒を信じないならば、われはそのような不信心の徒に対して燃えさかる火を準備した。

（四十八章「勝利」十三節）

あなたがた信仰する者よ、神に従いなさい、また使徒とあなたがたの中の権能をもつ者に従え。あなたがたは何事に就いても異論があれば、神と終末の日を信じるのなら、これを神と使徒に委ねなさい。それは最も良い、最も妥当な決定である。

（四章「婦人」五十九節）

使徒があなたがたに与える物はこれを受け、あなたがたに禁じる物は、避けなさい。

（五十九章「集合」七節より）

われは明瞭な印と啓典とを、授け（てかれらを遣わし）た。われがあなたにこの訓戒を下したのは、且つて人びとに対し下されたものを、あなたに解明させるためである。

（十六章「蜜蜂」四十四節より）

クルアーンにあるこれらの神の言葉は、預言者の権威を認め、彼に従うことを命じたものであり、ハディースの伝える預言者の言行が規範として参照されるべきものであることを証明するものであると、ムスリムには理解されている。ハディースは、クルアーンがあってこそ規範でありうるのである。

ムスリムのなかでも近代主義者の一部にはハディースの権威を否定しクルアーンしか認めない者がいるが、現在にあっても大多数のムスリムにとってハディースはクルアーンに次ぐ聖典であり、かれらの信仰や社会生活の隅々までを意識的にも無意識的にも規定している。無限の高みから下された神の言葉クルアーンとは違って、同じ人間の目や耳が伝えた、使徒ムハンマドの行実《ぎょうじつ》は、いかに理想化されているとしても、それを目指して努力することが可能なものである。そして、そこには最初期から現在に至るまでのムスリムたちの希求してきたすべてのものが、具体的に表現されていると考えられるだろう。

ハディースはどう形成されたか

ハディースの形成過程をたどっていくと、ハディースが伝えている内容は本当に預言者にまで遡るのかという問題に突き当たる。十九世紀のヨーロッパで発展したイスラーム研究は、キリスト教の聖書の文献批判の方法を援用してクルアーンやハディースの研究を行った。そして、ムスリムの間で行われてきた伝統的なハディース学が、ハディースの本文自体を表立っては吟味《ぎんみ》しないことを批判した。そして、ハディースの内容が、ムハンマドの時代にはありえないような、後世の議論を反映したものになっていると指摘し、その内容は預言者にまで遡れないと結論した。

このことは、伝統的なイスラームが前提としてきたことを否定するものであり、多くのムスリムの学者たちには受け入れがたいものとなっている。ムスリムにとってハディースの規範性は、それが預言者の口から出たということによって維持されるからである。近年、感情的反発とは別に、ムスリムの側からも学問的なかたちで反論もされ始めており、この問題には簡単に決着がつかないと思われる。

しかし常識的に考えて、後世に付け加えがあったことは否定できないが、預言者の実際の言葉や行動がハディースのなかにまったく反映していないということも想像しにくいことである。そして、これがとくに重要と思われるが、イスラームという一つの宗教を理解しようとするとき、それを信じている者にとってどのように受け取られているかを知ることがもっとも肝要であろう。したがってここでは、ハディースの内容が預言者にまで遡るかどうかについて議論があると指摘するに留めたい。

ムスリムの伝統的な理解にやや近い立場から、ハディースがどのように形成されていったのかの大筋をまとめてみよう。預言者在世のころから、預言者がさまざまな状況のなかで残した言葉は、信者たちの生活の指針として記憶に留める努力がなされた。預言者の没後はますますその傾向が強まることになる。イスラームの学問は後世のようにまだ専門分化が進んでいなかったが、学者たちはクルアーン解釈の拠り所として、また神をどう理解すればよいか、人間はどのように行動すればよいのか、こうした議論の手がかりとして預言者の言葉を引いた。

また、イスラームの信仰が人びとのあいだに定着する過程において、一般大衆にイスラームの教えを広める存在であった説教師がいたが、かれらは聴衆の心を引きつけるために、興味を引くようなかたちでその語りのなかに預言者の物語を加えた。さらには、「二級市民」としてしか認められなかった非アラブのムスリムのなかには、宗教の知識であるハディースを修得して出世の足がかりにしようとする者すらいた。[*7] こうした状況のなかで、記憶しやすいように、預言者の言葉を筆記する者が出てきたのである。ただ、神の言葉であるクルアーンとムハンマドの言葉とが混ざり合うことを恐れる者もおり、ハディースの筆録を禁止しようという動きも一時みられた。しかしハリーファ（カリフ）、ウスマーン（アブー・バクル、ウマルを次いで第三代となった後継者）の時代にクルアーンの底本が一応の完成をみたため、その危惧《きぐ》も消え、ハディースの筆録はますます進んだ。これが七世紀から八世紀初頭の状況であろう。

礼拝、相続、売買などの個々の事項ごとにハディースをそれぞれひとまとめにし、実際の役に立つようなハディース集が編まれるようになるのが八世紀中ごろである。このように、内容に応じて分類し配列したハディースの集成はとくにムサンナフと呼ばれた。分野は限られるが、『ムワッタア』という法学書（マーリク・ブン・アナス編）がその例である。八世紀末には、個々のハディースを、最初にそれを伝えた伝承者別に配列したハディース集（一般にムスナドと呼ばれる）が編まれるようになった。男性七百人と女性百人のサハーバ別に、預言者の約三万のハディースを配列した、その名も『ムスナド』というイブン・ハンバル（七八〇―八五五）のものが代表的である。

「真正さ」という基準

ハディース集としてスンニー派のあいだで代表的なものは「ハディース六書」と呼ばれる六つの書物である。六つとは、

ブハーリー（八一〇―八七〇）『サヒーフ（真正のもの）集成』
ムスリム・イブン・ハッジャージュ（八一七頃―八七五）『サヒーフ集成』
アブー・ダーウード（八一七―八八九）『スナン（範例）集』
ティルミズィー（八二五―八九二）『スナン集』
ナサーイー（八三〇―九一五）『スナン集』
イブン・マージャ（八二四―八八七）『スナン集』

である。最初の二つが「二サヒーフ集」、それに次ぐ価値をもつのが四つの『スナン集』とされる。このうち現在日本語で読めるものはサヒーフ集成のみで、

牧野信也訳『ハディース——イスラーム伝承集成』上・中・下巻、中央公論社（のち中公文庫）
磯崎定基・飯森嘉助・小笠原良治訳『日訳サヒーフムスリム』第一・二・三巻、日本サウディアラビア協会

である。クルアーンのように権威のある一冊の集成と呼べるものはないが、右の六書がとくに尊重されている。

クルアーンは全百十四章であるが、ハディースの総数はどうなっているのか。イブン・ハンバルの『ムスナド』でも三万を集めたというが、ブハーリーはより広範に集め、その数は一説によると六十万に及んだという。しかしそのなかから『サヒーフ集』として、全九十七章の一書に編んだのは七千三百九十七（さらに重複を除くと二千七百六十二）のハディースであった。ただし、体系化や分類においてブハーリーのものよりもムスリムの『サヒーフ集』の方を高く評価する学者もいた。

ハディースは、その「真正さ」の度合いによって等級が設けられている。大きく三つに分けて、サヒーフ（真正なもの）とは、高潔さと正確さの知られた伝承者のみを通して間断なく伝えられた

ハディースを指す。ブハーリーとムスリムのハディース集に載せられたものはすべてこの等級とされる。さらに、ブハーリーは、ハディースの伝達に際して話した者と聞いた者とが実際に出会ったという証拠がなければそのハディースを採用しなかったのに対し、ムスリムの方は話者と相手が同時代人であればそれ以上は詮索しなかったことから、ブハーリーの伝承の方がより確かであるとして、一般には高く評価される。等級としてサヒーフの下にはハサン（良好なもの）とダイーフ（薄弱なもの）があり、いずれも伝承経路の確実さが基準になっている。

等級をつけるのには現実的な理由がある。ムスリムの行動を規範づけるシャリーア（イスラーム法）において、クルアーンではなくハディースを根拠にして何かを言う場合、その主張がどの程度の真実性を必要としているのかに関わるからである。神の属性について論じる場合や、ある行為が許されたものか禁じられたものかに対して法学的な判断を下す場合、サヒーフとハサンのものは使えるがダイーフのものは典拠とすることが許されていない。*8 しかしダイーフであっても人に善行を勧める場合や物語を語る場合は用いてよいとされる。例えば禁欲の功徳を説明するために「楽園を願い求めるなら善行にいそしめ。業火を恐れるなら情欲を捨てよ。死を予感するなら快楽を離れよ。現世で禁欲するなら災難も何でもない」*9 というダイーフのハディースを引用することも構わないのである。

神秘家にとってのハディース

ハディースとは基本的に、預言者ムハンマドが話したことを伝えているものである。ところがなかには、神が話したとされる内容をもつ一群のハディースが存在する。ハディース・クドゥスィー（聖なるハディース）と呼ばれるものである。ブハーリーのサヒーフ集成にも、次のようなものがある。

「いと高き神が言われるには『わたしは、わたしの僕《しもべ》がそうである、と思うような者である。僕がわたしの名を唱えるとき、わたしは共に居り、彼が心の中で秘かにわたしを念ずるとき、わたしも心の中で彼を憶《おも》い、彼が人々の中で公然とわたしの名を唱えるとき、わたしもより多くの人々の中で彼のことを述べ、もし彼がわたしにちょっと近づくならば、わたしは彼に一尺近づき、もし彼がわたしに一尺近づくならば、わたしは彼に一丈近づき、もし彼が歩いて来るようならば、わたしは彼のもとへ駆けて行くであろう』と[*10]」

ここでの「わたし」は神のことである。これは一例でしかないが、神と人間との親密な語り合いを含意している。これは神秘家が好むものである。かれらは神との直接的対話や神との一体感を獲得し味わうことに至上の価値を置くからである。右のハディースはブハーリーの集成にあり、高い格付けを得ている。先述の法学的利用のできるハディース・クドゥスィーは法学や神学の議論には大きな役割を果たすものではない。しかし民衆のあいだの宗教感情や神秘家的な敬虔さには、大いに貢献するものであった。のちには、聖なるハディースだけからなるハディース集成が現れており、神秘思想の巨人イブン・アラビーもそれを編纂している。ハディース・クドゥスィーとは、クルアーンと預言者のハディースとの、ちょうど中間にあたるような性格のものが伝えられた、ハディースの一種なのである。

神秘家に好まれるハディースといえば、次のようなものがよく知られている。

私は隠された宝であった。知られることを望んだ。そこで私は知られるために世界／人間を創造した。[*11]

先に挙げたものと同様、ハディースの通例と異なって、「私」は神のことである。「私は隠された宝であった」というのは、私（神）は誰にも理解されない、誰にも知られない、そういう宝（価値あるもの）であったということである。そして、その神は自らが知られることを望み、知られるためには知る人がいなければならないから、人間が創造された――つまり、人間は、神の存在が知られるようになるために神によって創造されたものであるとするのである。

この「隠された宝であった」とは、神そのもの、絶対的な存在としての神ということで、いかなる他者をも必要としない超越的な神を示す。これはあらゆる存在者以前にあるようなものであり、人間が理解できないレベルにあるものであるといえる。神が世界に自己の存在を明らかにすることは、この世界を創造することによって、すなわち世界が神を対象として認識することによって初めて可能になるのだ、ということをこのハディースは表しているのである。

このハディースによれば、世界あるいは人間の意義は、世界や人間によって神が存在していることが知られるところにあるのだということになる。詳しく見れば、神に二つの次元を見出しているともいえる。一つには絶対的な存在としての神。もう一つには、被造物に対立する、被造物と相補うような神という二つの神である。これは第五章で述べるイブン・アラビーの存在一性論につながっていく考え方である。

三　聖典を解釈する

「利子を取ってはならない」

ムスリムが従うのはクルアーンであり、ハディースである。それらは日常生活を規定するものであり、明文として残されていて、改変することは許されない。

しかし、啓示はそもそも完全に首尾一貫して論理的な整合性が保たれたものであるとは到底いえない内容をもつものである。また、啓示の内容は七世紀のアラブ世界には妥当するとしても、その後時間が経つにつれて世のさまざまな実情と合わないところが出てくることになる。

そこで、例えばフィクフ（法学）において問題になるのがリバー（利子）である。


利息を貪《むさぼ》る者は、悪魔にとりつかれて倒れたものがするような起き方しか出来ないであろう。それはかれらが「商売は利息をとるようなものだ。」と言うからである。しかし神は、商売を許し、利息（高利）を禁じておられる。それで主から訓戒が下った後、止める者は、過去のことは許されよう。かれのことは、神（の御手《みて》の中《うち》）にある。だが（その非を）繰り返す者は、業火の住人で、かれらは永遠にその中に住むのである。

（二章「雌牛」二百七十五節）


あなたがた信仰する者よ、倍にしまたも倍にして、利子を貪ってはならない。神を畏れなさい。そうすればあなたがたは成功するであろう。

（三章「イムラーン家」百三十節）


禁じられていた利息（高利）をとり、不正に、人の財産を貪ったためである。われはかれらの中の不信心な者のために、痛ましい懲罰を準備している。

（四章「婦人」百六十一節）

これらが、取引においてリバーをとることを禁止する規定である。ただし何がリバーにあたるかについて、明文上の規定はない。そこで現実の社会を動かすために、ウラマー（法学者）たちが議論を積み重ねてきたのである。

しかし、リバーを取ることで利益を生み出す銀行業がイスラーム圏に存在しないわけでは決してない。どのようにリバーを「合法化」、すなわちシャリーア（イスラーム法）に適したものと考えるのか。

いま仮に、アブドゥッラーの手元に鉛筆が一本あり、ムスタファの手元にお金が五万リラあるとする。アブドゥッラーにはお金が必要な事情があるため、手元の鉛筆をムスタファに五万リラで売る。すると、ムスタファの手元には鉛筆が一本、アブドゥッラーの手元には五万リラが渡る。翌日、アブドゥッラーはムスタファへ、昨日売った鉛筆を六万リラで買い戻したいと言う。ただし代金は一年後に支払うと言い、ムスタファはそれを了承する。いま、アブドゥッラーの手元には鉛筆が一本と五万リラがある。ムスタファの手元には何もないが、一年後には六万リラが渡る予定である。

鉛筆は元の場所へ戻ったわけだから、お金だけが動いたことになる。ムスタファの手元にあった五万リラはいまアブドゥッラーの手元に置かれているが、ムスタファにしてみれば、労することなく一年後にはそれが六万リラに増えて返ってくるのである。一年で一万リラのもうけであり、二十パーセントの利息が付いた計算になろう。

アブドゥッラーが事業主で、ムスタファが銀行家であったとすれば、これは普通の、利息を伴う金融と変わらない。金融が目的であれば、右の例でいう鉛筆は何であっても機能するのである。実際にこうした論理で金融業者がウラマーのお墨付きを得て運営されてきたという現実がある。このように、ほとんど曲芸ともいえるような論理で、現実の社会に合うように聖典が解釈されてきたことも事実なのである。

キリスト教の日常規定

日本に生きる人びとにとってこの執拗ともいえる解釈への意欲は実感的な理解を超えているところがあるかもしれない。補助的な作業として、一般的なキリスト教における聖典の扱いと比較してみよう。

アメリカ合衆国は、自由主義・民主主義への信奉が国際的にアピールされることもあるため、現代的で非宗教的な国家という面が意識されやすい。しかし社会の実相をみればまったくそのようなことはない。たしかに合衆国憲法が「国教を制定する法律〔略〕を制定してはならない」（修正第一条）とするように国政においては政教一致を否定しているが、それは宗教がもっぱら個人的な内面に関わるものとされた結果であり、政教分離は公私の分離にすぎないというとらえ方もできる。実際、国民の約四分の三がキリスト教徒であり、そのほぼすべての人びとが何らかのかたちでキリスト教の教会に属していると考えられる。大統領が就任式で聖書に手を置いて宣誓を行う様子はよく知られているが、それも大統領という公人ではなく、私人であるキリスト教徒の行為として、認められているのである。

キリスト教が浸透したアメリカの社会で、信徒が決まった時間に決まったやり方で礼拝をしたり、食材に食べてはならない物が入っていないか気を配ったりするのは一般的なことではない。食事の前に祈りを捧げる光景は、地域によっては一般的ともいえるが、それとて家庭によってかなり多様なやり方があり、すべてのキリスト教徒がやっているわけではない。これはイスラームと大きく異なる点である。

なぜこのような差が出るのか。それは端的に言えば、キリスト教には日常生活を縛る規定が、基本的にはないからである。

新約聖書には「だれかがあなたの右の頰を打つなら、左の頰をも向けなさい」(マタイ福音書五章三十九節)、「求める者には与えなさい」(同四十二節)、「敵を愛し、自分を迫害する者のために祈りなさい」(同四十四節)などの教え、命令がある。しかしそれがクルアーン(およびハディース)の日常規定と質を異にしていることは明白であろう。また、ここには聖典をどう扱うかという問題——ひいては神と啓示をどうとらえるかという問題も潜んでいる。

まず、文言の具体性が違っている。

信仰する者よ、あなたがたが礼拝に立つ時は、顔と、両手を肘《ひじ》まで洗い、頭を撫《な》で、両足を踝《くるぶし》まで（洗え）。あなたがたがもし大汚《たいお》の時は、全身の沐浴《もくよく》をしなさい。またあなたがたが病気にかかり、または旅路にあり、また誰か厠《かわや》から来た者、または女と交わった者で、水を見つけられない場合は、清浄な土に触れ、あなたがたの顔と両手を撫でなさい。神は困難を、あなたがたに課すことを望まれない。

（五章「食卓」六節より）

かれがあなたがたに、（食べることを）禁じられるものは、死肉、血、豚肉、および神以外（の名）で供えられたものである。だが故意に違反せず、また法《のり》を越えず必要に迫られた場合は罪にはならない。神は寛容にして慈悲深い方であられる。

（二章「雌牛」百七十三節）

礼拝の方法や、食べてはならないものが明確に記されている。大まかに言えば、キリスト教徒が奉じる聖書のうち、新約聖書の部分については、日常生活への規定が右のように細かくなされているものは見当たらないのである。

文言への忠実度の違い

しかしヘブライ語聖書の部分はどうか。ヘブライ語聖書はユダヤ教徒にとっては聖典そのものであり、トーラー（律法、モーセ五書）には次のような、実に詳細な規定がある。

主はモーセとアロンにこう仰《おお》せになった。イスラエルの民に告げてこう言いなさい。地上のあらゆる動物のうちで、あなたたちの食べてよい生き物は、ひづめが分かれ、完全に割れており、しかも反すうするものである。〔略〕らくだは反すうするが、ひづめが分かれていないから、汚《けが》れたものである。〔略〕いのししはひづめが分かれ、完全に割れているが、全く反すうしないから、汚れたものである。これらの動物の肉を食べてはならない。〔略〕鳥類のうちで、次のものは汚らわしいものとして扱え。食べてはならない。それらは汚らわしいものである。禿鷲《はげわし》、ひげ鷲、黒禿鷲、鳶《とび》、隼《はやぶさ》の類、烏の類、鷲みみずく、小みみずく、虎ふずく、鷹《たか》の類、森ふくろう、魚みみずく、大このはずく、小きんめふくろう、このはずく、みさご、こうのとり、青鷺《あおさぎ》の類、やつがしら鳥、こうもり。

（レビ記十一章一節から十九節）

こうした規定を、トーラーを「旧約聖書」と呼んで新約部分とともに聖典とするキリスト教徒はどう考えるのだろうか。たとえばイノシシを食べることになったとき、それを聖書が許容しているかどうかについて、聖書のこの記述に照らして判断するということはまずない。先に挙げた新約聖書とは違い、文言は具体的でありながら、なぜそうなるのか。

キリスト教はそもそも、ユダヤ教を否定することで生まれた。ユダヤ教徒であったイエスは、唯一の神への服従などはもちろん継承したが、とくに戒律を厳しく守る教えに対して、そうした形式性について疑義を唱え、神への愛さえ確かであれば儀式などの形式にこだわる必要はないと主張したのがイエスであった。

イエスの教えは、戒律を守ろうとしても守れない人びと、神は信じるが戒律の意味を見出せない人びとの共感を得て広がったのである。このため、ヘブライ語聖書を聖典として認めはするが、こうした詳細な規定については、イエスと同様に、文字通りに従うことはしないというのが、現代の一般的なキリスト教徒の立場なのである。トーラーにある通りに戒律に従い、クルアーンに書いてある通りを実践することが神に従うことであると考えるユダヤ教徒やムスリムと、この点で大きく異なっている。

もう一つ、ここでは簡単に述べるに留めるが、キリスト教の聖書については言語の問題がある。クルアーンは神がアラビア語で下した言葉をムハンマドがそのまま伝えたものであり、したがって本章第一節で述べたようにアラビア語でこそ聖典である。これに対してキリスト教の聖書はもともとギリシア語（コイネーと呼ばれる古代ギリシア語で「共通語」の意）で書かれた。しかしイエスがギリシア語を話していたわけではない。イエスが話していたのは、当時の中東地域での共通言語であったアラム語である。つまりキリスト教の聖典は、すでにイエスの言葉そのものではなく、イエスの言葉に基づいているとしても、その意味内容を翻訳したものなのである。[*12] イスラームとは対照的に、キリスト教徒は（福音の及んでいない）地へ宣教に赴《おもむ》くときに、聖書の現地語への翻訳を試みる。意味内容が通じればよいと考えるのである。日常の具体的な生活規範を重視せず、聖典の言語（ヘブライ語、ギリシア語）自体には強い執着《しゅちゃく》を示さないというキリスト教の特徴は、「使信さえ伝わればよい」という自由さによって信者を獲得する面もあったことは想像できる。

こう見るとむしろ、西アジアに生れた三つの宗教のなかで、キリスト教が特異な位置を占めていることがわかるであろう。

規定の解釈を変える

戒律や禁止規定の具体性とその拘束性という意味では、ユダヤ教とイスラームは似通っている。イエスの教えと違い、「儀式・戒律の重視」が放棄されていないのである。イスラームはそもそも戒律のある宗教として生れている。

戒律を文字通りに遵守しようとすると不都合が出てくる。一つに、クルアーンがいかに豊富な内容をもつとはいえ、一冊の書物なのであり、そこからあらゆる指針を引き出すことには限界がある。二つに、七世紀のヒジャーズ地方あるいはまたウンマ（信仰の共同体）の実情に合うかたちで下された啓示の文言が、時代を経るとムスリムの生活様式に適合しなくなってくるということ。三つめに、イスラームが浸透した社会と、日本のようなほとんど浸透していない社会とでは事情が違い、後者においては例えば礼拝や断食など、イスラームの十全な実践が困難になる（しようとすれば社会との摩擦を避けられなくなる）。ここで必然的に出てくるのが解釈という行為である。ただし解釈という行為は幅の広いもので、現在置かれている状況に可能な限り適応させようというものから、できるだけ解釈を排除して（元来の）イスラームの姿を実現することを狙うものまで多彩である。

そもそもイスラームの信仰は、人間生活すべての局面を包摂し、人間の営み全体の指針を提供するものである。クルアーンの内容はイスラームのそうした性格に基づいて、きわめて多様なものになっている。あらためて見渡してみよう。そこには、信者の信ずべき内容として、

神とは何か
神の使信を伝える預言者の役割は何か
現世の生活の結果である終末の光景はどのようなものか

などが記述され、宗教儀礼に関連して、

一日五回の礼拝
ラマダーン月の間の斎戒（断食）
巡礼

などが規定される。さらには、ムスリムとしての正しい社会生活を送るための生活規範が、

農業上、商業活動上の規制
結婚、離婚などの家族関係および財産相続の方式
刑罰

などのかたちで記述されているのである。

このように人間の営み全体を常に神の支配の下に置こうとするのがイスラームという宗教の基本的な性格である。人間にとって、神の意思の源泉は究極的にはクルアーンという一冊の書物である。前述のように、限界があるとはいえ、人間が直面するあらゆる局面での指針をクルアーンから引き出そうとするのがイスラームの宗教的営為の根幹となっている。その意味でイスラームとは、限られた量の啓示の言葉から無限の解釈を引き出そうとする、きわめて解釈学的な宗教体系である。この態度は、イスラームのどんな宗派においても、またイスラーム思想のどんな潮流においても基本的に共通して見られるものである。

ただ、クルアーンの権威、威信を超えるようなある種の人間を認めたりするようになると、クルアーンが最終的な拠りどころではなくなるので、当然そこでは、クルアーンを解釈して生きる指針を引き出す意味がなくなる。シーア派のなかの極端派にその傾向がある。そうした一派は、(その自覚の如何にかかわらず)本質的な意味で、イスラームという宗教体系そのものから外れていこうとする傾向をもっているということができるだろう。

導入のための「お作法」

イスラームはその歴史的展開のなかでさまざまな事物の伝来を経験した。出会ったその新たなものを、解釈学的な操作を通してイスラームの内部に取り込み、イスラーム的な意味を付与していくこの手法は、イスラーム世界が新しいものを導入するための「お作法」になっていると言うことができる。

例えば、コーヒーを飲むという習慣がある。コーヒーは十五世紀初頭に現在のイエメンで飲用されていた。眠気覚ましの効果は知られており、スーフィー（神秘家である修行者）たちが夜間の修行のために飲んだものである。十六世紀にはカイロのアズハル学院で飲まれるようになった。当時すでにイスラームの伝統は一千年近くに及ぼうとしており、その教えに照らしてこの新しい飲み物が許されるのか否かが、ウラマーたちのあいだで激しい議論になった。その結果の一つは一五一一年の、マッカでのコーヒー禁止令である。これは、クルアーンやハディースに記載のないこの飲み物が許容されるかどうかについて真剣な聖典解釈が行われた結果である。その後は取り締まりもあったが結果的には許容され、コーヒーハウスという文化はヨーロッパへ伝播《でんぱ》することになる。[*13]

コーヒーのようにすでに社会にある程度普及しているものについて、ウラマーは「権能」をもって判断しなければならない立場にある。また、うがって言えば、なにやら新しい文物に触れて楽しんでいる人を見て「けしからん」あるいは「やってみたい」と思い、権威筋にお伺いを立ててみる、という人びとはいつの世にもいるものである。こうした事情が一方では論争を生み、他方では、事後的ではあっても「お墨付き」の機能をもつ判断を生み出すことになる。

現代でいえばインターネットもこれにあたる。現実にはインターネットは、情報が自由に出入りすることへの危惧から、すなわち政府側の意図から、当初は利用を制限される国が多かった。現在では利用自体は認められていて、さまざまな形で内容の制限を試みる政府もあるようだが、イスラームやクルアーンの文言を根拠にしてインターネット自体を禁止している国はない。

逆にイスラームにとっての都合から積極的に利用される面もある。インターネットを利用した法学相談である。前項で、クルアーンの規定の内訳に「結婚、離婚などの家族関係および財産相続の方式」と掲げたが、かつては直接対面して相談するしかなかったこの種の問題について、インターネット上で一般の人びとが匿名で質問し、ウラマーなどが答えるというサイトが存在しており、やりとりは誰でも見られるようになっている。[*14]

豚肉食や飲酒と違い、クルアーンに明示規定のない行動については、議論になったとしても現状の追認に終わることが多い。そして、新しい制度や事物が定着するための一つの「お作法」としての役割を果たしているのが法学的議論である。しかし、そうであったとしても、必ずクルアーンをはじめ預言者の言行やこれまでの判断の前例を参照し、そこから「可」「不可」「どちらでもよい」等の解釈を引き出すという態度は徹底されており、そういうシステムとしてイスラームが機能しているということになるだろう。

政治運動へのクルアーン利用

日本にとって東日本大震災の年であった二〇一一年は、中東諸国にとっては大きな変動、いわゆる「アラブの春」の年であったと言える。前年にチュニジアに始まった民衆運動は、同国とエジプト、リビア、イエメンで政権を倒し、バーハレーンやオマーンでは改革を、シリアでは内戦状態を招来した。運動の主体は実に多様で、エジプトを例にとれば、貧困層、学生、労働者、宗教勢力などが挙げられる。

運動への参加には、それぞれの思惑が働いたことだろう。イスラームやクルアーンを表立って否定しないにせよ、内心ではまるで重視していないような人びとがその場にいたことは容易に想像される（イスラームを国教とするような国においても、そのような人びとは一定数確実に存在する）。かれらが運動に参加した動機は、例えば失業から来る貧困への不満であったり、支配階級が富を独占していることへの異議申し立てであったりしただろう。そのことはイスラームを離れても重視されてしかるべきだが、本書の考察対象ではない。

一方で、イスラームを実践している宗教勢力にとって、打倒の対象であった政権は、「クルアーンに反している」「反イスラーム」的な存在でありえた。本節冒頭に戻れば、リバーの問題ひとつとっても論難すべき点は見つかる。すなわち、政権が通常の銀行の金融業務を〝禁じていない〟ことをもって、イスラーム法に基づかない政権であるとの批判が可能になるのである。

一定の留保が必要であることも述べておきたい。右に「クルアーンに反している」と主張する場合に想定されているのは、次のような句である。

誠にわれは、導きとして光明のある律法を、（ムーサーに）下した。それで（神に）服従、帰依した預言者たちは、これによってユダヤ人を裁いた。聖職者たちや律法学者たちも（裁いた）。神の啓典の護持を託されていたからである。かれらはそれに対する証人でもあった。だからあなたがたは人間を恐れず、只われを畏れなさい。僅かな代価で、われの印を売ってはならない。そして神が下されたもので裁判しない者は不信心者（カーフィル）である。

（五章「食卓」四十四節）

裁く、裁判という言葉は語義上、統治、政治という意味に読むことが可能である。カーフィルとはイスラームにおいても相当に強い非難の言葉であるが、イスラーム法に基づいた統治を行わない者は不信仰者であるというクルアーンのこの句が実際の社会に適用されて力をもつようなことは、近代以前にはまずなかった。むしろ近代以前は社会の安定のためにカーフィルの宣言を避ける傾向が強かった。

しかし現代には、政府を倒せと主張するときにこの句を使った事例が数多くある。また今回のように、独裁政権の続くなかで反政府運動を組織するには、このクルアーンの句の利用はイスラーム的正当性を獲得するうえで極めて都合のいいものであったと言えるだろう。動乱のなかでこうした勢力が一定の力をもったことは確かであり、時代を経て現実が変化するにつれてクルアーンのなかで着目される場所も変わるという例でもある。

一千年を超える解釈の蓄積

近年フランスで、ムスリマ（女性のイスラーム信徒）が授業中にヴェールをまとうことの是非が議論となった。後藤絵美氏は、ヴェール着用についてのイスラーム法の議論を跡づけながら、これには、近年、国家や社会から強要されてヴェールをまとうのではなく、自らの意思で積極的にムスリマたちがヴェールをまとうようになっている事情を指摘している。*15

二十一世紀になっても、また一見イスラームを離れたように見えた現代の社会運動においても、そして問題に直面した女性たちの自己主張という静かな運動においても、聖典の解釈というイスラームの営為は続いていると言うべきだろう。

イスラームは、ムスリムの行動規範について聖典に基づいた判断を行い、それを一千年以上にわたって積み重ねてきた。この議論の蓄積は、終局的には、神の意思の総体である。日常生活においてはもちろん、新しい文物の導入についての社会的な合意形成、体制変革の力をもちうる社会運動、そのいずれにおいても、第一に聖典に拠らなければならないという価値観および実践を、イスラームは強固に維持し続けているのである。

註

＊1　そうした読みかたの変異の幅があり、九世紀ごろに、一定の範囲内のものがまとめて許容された。

＊2　イギリスの研究者ジョン・ワンスブローの説による。J. Wansbrough, *Quranic Studies*, Oxford, 1977.

＊3　F. Déroche, *La transmission écrite du Coran dans les débuts de l'islam*, Leiden, 2009.

＊4　井筒俊彦『コーラン』下巻、岩波文庫、二〇〇九年、三九八頁。

＊5　十七章「夜の旅」一節より。エルサレムへの夜の旅をイスラーといい、エルサレムから天界に上る旅をミウラージュという。

＊6　ブハーリー編／牧野信也訳『ハディース――イスラーム伝承集成』中巻、中央公論社、一九九四年、三二八―三三一頁。

＊7　例えばペルシャ人はアラブの部族の「客分」となることによって初めてアラブ人の社会に受け入れられるという慣習があった。同じ信仰をもてば即、社会の成員として平等な扱いを受けられるというわけではなかった。

＊8　ほかにも、例えば何か罪を犯したものを死刑に処すことになった場合、サヒーフのものならばその判断の根拠にすることに問題はない。仮に確実性の低いものに従って死刑にしたあとでそれが誤っていたとわかった場合などは取り返しがつかないため、そのような判断には等級の低いものは使えないのである。

＊9　Abū Ḥāmid Muḥammad al-Ghazālī, *Iḥyā' 'ulūm al-dīn*, al-Qāhira, 1387AH/1967, vol.4, p.278より。

＊10　ブハーリー編／牧野信也訳『ハディース――イスラーム伝承集成』下巻、中央公論社、一九九四年、三五八頁。

＊11　ハディースとしては格の高いものではないが、神秘家に非常に好まれたものである。Sayyid Ḥaydar Āmulī, *Kitāb Jāmi' al-asrār wa-manba' al-anwār*, ed. by H. Corbin, Tihrān, 1969, p.102.　使っている語はやや異なるが同じ意味のものは、Ibn 'Arabī, *al-Futūḥāt al-makkīya*, vol.2, pp.232,399にもある。よく知られたスーフィー用語集である 'Abd al-Razzāq al-Qāshānī, *Iṣṭilāḥāt al-ṣūfīya*, ed. by Muḥammad Kamāl Ibrāhīm Ja'far, al-Qāhira, 1981, pp.50,97で、違う項目の説明のなかに、前半と後半を分割して引用されている。

＊12　イエスの最期について福音書は次のように伝える。「三時ごろ、イエスは大声で叫ばれた。「エリ、エリ、レマ、サバクタニ」。これは、「わが神、わが神、なぜわたしをお見捨てになったのですか」という意味である」（マタイ福音書二十七章四十六節）。このように、最期の言葉は例外的に、アラム語の音をギリシア語で表記した文になっている。

＊13　ラルフ・S・ハトックス著／斎藤富美子・田村愛理訳『コーヒーとコーヒーハウス――中世中東における社交飲料の起

源』同文舘出版、一九九三年。

＊14　インターネット相談の前段階とも言えるが、嶺崎寛子『イスラーム復興とジェンダー――現代エジプト社会を生きる女性たち』（昭和堂、二〇一五年）のフィールドワークは、電話による法学相談の様相を明らかにする。著者はエジプトで数多くのムスリマ（イスラーム信徒の女性）の電話相談に接した。相談で得た回答（ファトワー、法学裁定）をもとに家族や夫と交渉を始めるムスリマたちもいたという。

＊15　後藤絵美『神のためにまとうヴェール――現代エジプトの女性とイスラーム』中央公論新社、二〇一四年。

第三章
神をどうとらえるか

一　神を見ることはできない

クルアーンの「矛盾」

イスラームは「唯一絶対の神」への服従を説く。この唯一絶対の神という観念において、イスラームはもっとも思考を突き詰めた経験をもっている。イスラームを根底から理解するために、イスラームでは神がどうとらえられているかをよく見ておきたい。

ムハンマドの死から十年ほどあとにマディーナで生れた、ハサン・バスリー（六四二？―七二八）という人物がいる。イスラームにおいては、次章で述べるように黎明期《れいめいき》の神学議論が彼の周辺から生れたことで知られており、また禁欲家としても高名である。サハーバ（教友）たちと交際した第二世代の信者であるとされ、のちに、現在のイラク南部のバスラ近くに移り住んで、神を畏怖しながら禁欲的な生活を送るようになった。この地でかれは自らの教えを広めたが、その教えを受けたなかに、ワースィル・ブン・アター（六九九—七四八）がいた。かれはハサン・バスリーと同様、マディーナで生れてバスラへ移住していた人間である。

ワースィル・ブン・アターはハサン・バスリーに師事しながら、当時のさまざまな思想的潮流に接する機会を得た。クルアーンのなかの神に関する記述については、論者によってとらえ方が分かれていた。なかでも、神そのものをどうとらえるかでは大きく二つの立場があった。神を擬人的にとらえる（タシュビーフと呼ばれる）立場と、それを否定する（タアティールと呼ばれる）立場である。例えば、クルアーンには次のような記述がある。

本当にあなたがたの主は神であられる。かれは六日で天と地を創り、それから玉座に座しておられる。かれは昼の上に夜を覆わせ、夜に昼を慌ただしく相継がしめなされ、また太陽、月、群星を、命に服させられる。ああ、かれこそは創造し統御される御方ではないか。万有の主、神に祝福あれ。

（七章「高壁」五十四節）

かれは、天と地そしてその間にある凡《すべ》てのものを、六日の間に創造し、それから玉座に鎮座なされる慈悲深き御方であられる。だからかれに就いて熟知する者に問え。

（二十五章「識別」五十九節）

ここでは、神が玉座（椅子に類するものと考えてよいだろう）に座っているということが述べられている。こうした内容を文字通りに受け取り、人間に似た姿をした神が実際に椅子に腰かけていると考えるのが神の擬人化である。こうした見方はある意味で素朴であり、文字通りの理解という点で一般の人へ訴えかける力も強かった。

この見方に対立していた人びとのなかに、ジャフム学派と呼ばれる一派がいた。かれらは、クルアーンにおける神の描写を擬人的に解釈することを拒否し、それらはあくまで比喩的な表現だと考えた。その根拠は次のようなクルアーンの句である。

ムーサーがわれの約束した時に来て、主がかれに語りかけられた時、かれは申し上げた。「主よ、あなたに拝謁《はいえつ》が出来るように、（親しく）わたしに姿を御現わし下さい。」かれは仰せられた。「あなたは決してわれを見ることは出来ない。だがあの山を見よ。もしそれが、相変わらずその所に安定しておれば、そこにあなたはわれを見るであろう。」主がその山に（神の御光を）現わして山を粉みじんにすると、ムーサーは（余りにも恐ろしいので）気絶して倒れた。

（七章「高壁」百四十三節より）

ムーサー（モーセ）と神のやり取りを示した場面である。繰り返すが、モーセやユダヤ教徒にとっての神とイスラームの神は同一のものを指す。

ムーサーに対して神が言う。「あなたは決してわれを見ることは出来ない」。この句はムスリムを悩ませた。これに従うなら、唯一の神であることは認めるが、それがいわゆる人格神――人間の形をもち、個体として存在する神――であるとは、素朴には考えることができなくなってしまうからである。神に従って生きることを目指し、クルアーンをそのための第一の拠りどころと考えるムスリムたちは、クルアーンにおいて相矛盾するような句が（しかも同じ章に）残されていることを看過できず、解釈と議論を重ねた。本章で述べるように、ここには、イスラームが宗教および思想として深い局面に到達していく契機も孕《はら》まれていた。

ムウタズィラ学派の誕生と「理性」

ワースィル・ブン・アターに戻ろう。かれは右のような議論のほかにも、絶対神のもとにある人間が行為において自由意思をもてるのか、あるいはすべてが神の胸の内にあるカダル（予定）によって決められているのか、という議論の存在も知っていた。もちろん、どちらもクルアーンに根拠のある主張であり、双方の論者はクルアーンを典拠に議論していたことは言うまでもない。この議論においてワースィル・ブン・アターは前者、すなわち人間の行為に自由意思を認める立場をとるようになる。とくにこの説を主張していた人びとにはカダル学派と呼ばれる一派がいた。ワースィル・ブン・アターはこの議論においてはカダル学派を継承した。

前述の論点である「神をどうとらえるか」についてかれは、ジャフム学派による擬人神観の否定を受け継いだ。かれはカダル学派と並んでジャフム学派を継承し、ハサン・バスリーのもとを去って、のちにムウタズィラ学派と呼ばれる人びとの集まりを形成する。八世紀前半のことであった。ムウタズィラ学派は、イスラーム史上で初めて体系的な神学を形成したといわれる存在である。ここでは、ムウタズィラ学派がどのように擬人神観を否定したかに注目したい。

そもそも最初期の神学とは、もっとも原始的なかたちでは、クルアーンやハディースに出てくる「神」の語およびその前後の記述を拾い集めて、この記述からわかることの総体が、神とは何かへの答えになるという考えかたであっただろう。ところがそれに飽き足らない人びとが出てくる。いわば概念的に、「神とは何なのか」と問わざるを得ない人びとである。前述のようにクルアーンのなかに相矛盾する記述があることもそれを後押ししたことだろう。しかしこのように問うことはクルアーンを文字通りに理解しないという姿勢につながり、そのことをもって、それは神に与えられた理性の誤った使用法である、という批判もすぐに生れた。

とはいえ、素朴な〝神についての記述集〟では、キリスト教などの外からの論駁《ろんばく》に対するイスラームの宗教としての強度も確保できない。神に与えられた理性を、まさに神の意思をより深く理解するために使用しなければならないという論理も（クルアーンによって）立派に成り立つということも、また事実であった。ムウタズィラ学派はこの立場に立ち、神を理性によって理解する――神とはどのような存在であるかを理性と論理を用いて把握する――という道を、（広義での）先駆者として進むことになる。

あまねく存在する神

そもそもイスラームにおいて「神学」と呼ばれる領域は、キリスト教でいう「神学」が包含する領域よりも狭い。キリスト教の神学と共通するのは、「啓示の内容を理論的に理解し、間違った理解から守り、表現する」という基本的な態度である。しかし、キリスト教では聖書学、教会史、組織神学[*1]、実践神学など幅広い領域の神学が存在する。

これに対してアラビア語でカラーム（神学。ここではとくに思弁神学）と呼ばれるイスラーム神学は、キリスト教神学でいう組織神学にほぼ相当するだけであろう。イスラームでいう神学の主な内容は教義学と護教論であり、イスラームの信仰内容を明確にするという役割を担っている。フィクフ（法学）が「何をどう行うか」という面を扱うなら、カラームは「何をどう信じるか」を扱うといえるだろう。

イスラームの流れ全体もそうであるが、カラームの歴史的な展開は、伝統主義と合理主義の相克と見ることができる。前者は、右に述べたような、啓示の本文をあるがままに受け入れる傾向の強い人びと、後者は合理的な論証を重視する人びとである。それぞれスンニー派神学のアシュアリー学派、ムウタズィラ学派が代表的である。

両者の議論の焦点の一つが、まさに「神を見ることができるか」についてのものであった。これに関連して、クルアーンには右に見たもののほかにも、「その日、或る者たちの顔は輝き、かれらの主を、仰ぎ見る（七十五章「復活」二十二節から二十三節）というものがある。来世では人間は神を見ることができる、と記述されている。一方で先述のように「あなたは決してわれを見ることは出来ない」（七章「高壁」百四十三節）とあり、この両者の矛盾が問題になるのである。

ムウタズィラ学派の具体的な主張はその自称である「神の正義と唯一性の民ahl al-ʻadl wa al-tawḥīd」という名前にも表れている。神は「正義である」という主張と、神は「唯一絶対の存在である」という主張の組み合わせだが、本書がとくに注目するのは後者である。

ムウタズィラ学派は、この「神の唯一性」（タウヒードtawḥīd）という観念について、後述するようにクルアーンを引きながらきわめて論理的に議論を進めた。神の本体には知識や能力などの永遠の「属性」が存在するという観念を、それは神の唯一性を危うくするものだとして否定あるいは可能な限り矮小化したのである。

「見る」という点についても、神は時間や空間に限定されない、物体的ではないものであるため、「ここ」や「あちら」というように位置や方向というもののなかには存在しないと考える。もし一定の位置や方向のなかに存在するのであれば「見る」ことはできるが、そうではない以上、神は、見ることのできない存在とならざるを得ない。

ここから、神は見ることができない、というムウタズィラ学派の神学が生まれる。そして、この主張に矛盾する「主を仰ぎ見る」という言葉は、「主の報奨を期待する」、あるいは「神の力が広がっていくことを期待する」という意味であると解釈するのである。[*2]

こうしたムウタズィラ学派に対抗し、それを否定することで自己形成したのがアシュアリー学派であった。かれらは、やはり「創造者は見られる」というのが正しい見解であると反論した。その一人、イマームルハラマイン・ジュワイニー[*3]（一〇二八―八五）は、その著書でムウタズィラ学派の議論を引いてそれに反駁《はんばく》するというかたちで自らの意見を述べている。[*4]

クルアーンの該当箇所にも言及する。七十五章「復活」二十三節の「主を仰ぎ見る」に見られる「主を見る **ilā rabbi-hā nāẓiratun**」というクルアーンの表現が、神を見ることを明らかに示しているとする。**naẓar**（「見る」の名詞形）という語はさまざまな意味をもつが、「目で見る」というときは **ilā** という前置詞を伴い、その他の用法では違う前置詞を伴うか、そもそも前置詞を使わないかであるからという文法上の論理をふまえた説明をする。[*5]

こうした思弁的性格の強い神学は（スンニー・）イスラームの正統的神学として現代まで存続する。しかしその論理的な思考・推論という方法は、〝異端〟と受け取られているムウタズィラ学派神学と同様のものである。さらにそれを否定し、神が見えると言っている以上、それ以上何を付け加えればいいのかという態度も後世には生れる。*6 しかしそこではジュワイニーが解釈に専心し、否定し去ることに努力していた「お前はわたしを見ないだろう」という句は引かれていない。この句は素直に受け取れば、神を見ることはできないことの論拠になるであろうが、そのような句は考慮に入れないことで自分の理解を表現しているのであろう。これは、聖典に対する信仰の一つの態度――どちらも神の言葉である以上、その一方を、他方を信じないということなしに信じることには何の不都合もない、という態度――を示しているといえるだろう。

神学の領域においてクルアーンの語句は個々の神学者あるいは神学派の見解の基礎を形づくったり、あるいはさまざまな解釈を施されて個々の学者の主張を裏付ける根拠とされたりする。そこでは学者たちが激しく議論し合いながらも、議論の土台・方法を共有していたり、また、まったく異なる方法・態度を取りながらも、同じ結論を目指していたりする場合もあるのである。

主要な反論を示してきたが、本書の文脈に沿って、ムウタズィラ学派による神の唯一性（タウヒード）の主張に戻ろう。その主張の根拠の一つになったクルアーンの句に、次のものがある。

> 東も西も、神の有《もの》であり、あなたがたがどこに向いても、神の御前にある。本当に神は広大無辺にして全知であられる。
>
> （二章「雌牛」百十五節）

「神の有」とは、神が創った存在者ということである。どの方向を向いてもそれは神の前であって、神はまさに「広大無辺」であるというのである。ムウタズィラ学派はこうした内容を、神が遍在する――あまねくどこにでも存在する――ことを表した表現と捉えた。方向や位置をもたない、空間に限定されない存在という考え方はここから来ている。また、そうした観点に立てば、ムスリムが礼拝の際に唱える、〝至高の〟、〝創造者である〟、〝慈悲深い〟などの、神を表現するための「神名（属性）」という概念は、神の唯一性と整合せず成り立たないということになる。

そして、例えば七章「高壁」五十四節、二十五章「識別」五十九節の「玉座に座しておられる」の句においては、玉座に座っているということは、神が玉座の上という特定の大きさをもった空間におさまるということになってしまい、「広大無辺」という神の性質と齟齬《そご》をきたす。そこで、ジャフム学派のように、神のあるべき性質と整合しない表現についてはそれを比喩として解釈することになる。この場合には、「玉座」というのは神の偉大さを示す比喩的な表現であって特定の空間を指したものではない、という解釈になる。

ムウタズィラ学派はイスラームで初めて理論的な神学体系を築いたといわれ、そのこと自体への有力な反論は見られないが、アシュアリー学派と政治的にもその正当性を争うこととなり[*7]、結果的には力を失って少数派となった。しかしその実質は現代のイランやイラクを中心とするシーア派の神学に引き継がれ、またユダヤ教徒に受け入れられてユダヤ教神学の形成に貢献した[*8]。これは以降のタサウウフ（イスラーム神秘主義）、イルファーン（イスラーム神秘思想・神秘哲学）が発展する基礎となる考えかたとなったのである。

ムウタズィラ学派の考えは、神をどうとらえるかについて、それまでの素朴な段階から確実に新しい次元へと、議論を深めたものであった。神の唯一性・超越性という、一神教の本質を突きつめた概念が、理論的実質を備えて生れたのである。

二　一神教と多神教

「神」の質的な違い

日本人にとって、ここまで述べてきた神という存在、観念、概念が、すんなりとは理解しにくいものであっても不思議はない。一般に日本人が「無宗教」といわれるのも、自分が「宗教とは無縁である」と思っている人がほとんどだからであり、そしてそのために、「神」について考える機会を自ら失っているからである。ここで少し日本語の「神」について考えてみよう。

ヘブライ語のエロヒムやエル（ヤハウェという神名も与えられている）、ギリシア語のテオス、アラビア語のアッラーは同じ存在を指している。日本語で言えばそれは神《かみ》であるが、そこで読者は当然のようにそれを、日本固有の文脈で言うところの神《カミ》とは、音が同じでも意味内容が違うものと捉えつつ訓《よ》んでいるだろう。そして、それは基本的には正しい理解の仕方である。

日本には、外来の思想とのぶつかり合いのなかで形成された伝統的な神道《しんとう》がある。日本列島に生きる人びとが古来、何を指して神《カミ》と呼んできたかに、それだけで何冊もの書物になるような遠大な主題であろう。それはたとえば山体《さんたい》であり、海原であり、怨霊であり、祖先であり、天皇であった。この点でセム的一神教とはあまりに遠く隔たっている。

この状況を的確に言い表したのが本居宣長《もとおりのりなが》（一七三〇―一八〇一）である。かれは生涯をかけた代表的著作『古事記伝』で次のように書く。

さて凡《すべ》てカミとは、いにしへの御典《みふみ》どもに見えたる天地のもろもろの神たちを始めて、それを祀れる社《やしろ》にいます御霊《みたま》をも申し、また人はさらにもいはず、鳥獣《とりけもの》木草のたぐひ海山など、そのほか何にまれ、尋常《よのつね》ならずすぐれたる徳《こと》のありて、可畏《かしこ》き物をカミとはいふなり。*9

総じて「カミ」とは、はるか昔に書かれた古事記などの書物に出てくる神々（イザナギノミコトやスサノオノミコト、アマテラスオオミカミなど）をはじめ、それらを祀った神社などに鎮座すると考えられる神《カミ》の霊のことをいう。人間はもとより、鳥や獣や木や草、さらに海や山など、その他何であっても、普通の人よりも力が強くて、畏れ多くも有難いような、そうした存在をカミと呼んだのだ、と宣長は言っているのである。

ここで神《カミ》は人間と地続きの存在である。人間の能力の延長線上に、神《カミ》という存在が位置していると言えよう。イスラームではムハンマドへ、人間とはまったく異なるレベルにある神《かみ》から啓示がまさに「下りて」きている。神《かみ》と、預言者をふくむ人間のあいだには決定的な断絶がある。つまり、神道とイスラームでは同じ「神」という文字、日本語の「カミ」という音で表そうとしている指示内容は、まったく異質なものになるであろう。

社寺における神的存在一般

神道へのごく一般的な接し方を想定してみる。*10 身近なところで神道の具現化したものといえば、神社への参詣であろう。神社で賽銭《さいせん》を投げたり絵馬を買ったりしてお祈りごとをしたことのない人が、読者のなかにいるだろうか。いかに自らを無宗教だと考えていても、神殿に向かって手を合わせて目を閉じるという行為が宗教と無関係であると、例えばキリスト教徒やムスリムに対して主張することはできないだろう。では、これはどのような「宗教的行為」なのか。

祈る（願う）内容は、イスラーム以前のカアバ神殿や中国の関帝廟《かんていびょう》での祈りがそうであったように、きわめて現世的な希望であることが多いだろう。健康、合格、安産、職業的成功、家内安全——人間が自らの力の及ばない領域に関して「神頼み」をすることは、普遍的な行為である。

ここで重要なのは、祈りを捧げる対象である。観光でも初詣《はつもうで》でもよいが、神社でその瞬間わたしたちが「お願い」している相手は、神殿自体でもなければ、神殿のどこかにあるご神体でもなく、ましてや宮司、神主などでもない。漠然と、カミサマどうかよろしくお願いします、と心のなかで呼びかけてはいないだろうか。そして、神仏混淆《こんこう》の名の通り、私たちは古寺・名刹《めいさつ》でも似たことを行うのである（さすがに「カミサマ」とは呼ばないかもしれないが、そのかわりに「ホトケサマ」となろう）。その瞬間に、この祈りが神道的行為なのか仏教的行為なのかなどと律儀に考える人はまずいない。

旅行で出雲《いずも》大社《たいしゃ》や伊勢《いせ》神宮《じんぐう》に行って「大国主命《おおくにぬしのみこと》様……」とか「天照大御神《あまてらすおおみかみ》様……」と呼びかけたり、初詣で明治神宮に行って「明治天皇様……」と念じて祈るような態度、つまり祀られたカミをその都度、律儀に区別し認識して祈るような態度は、日本においては一般的ではない。中尊寺《ちゅうそんじ》や平等院の本尊は阿弥陀如来だが、その前で「阿弥陀《あみだ》様……」と心中でつぶやくかどうかということと事情は同じである。

つまり、日本人が祈りを捧げる対象は、個別具体的な天照大御神や阿弥陀仏ではなく、そこで漠然と想定された、自分を超えた力をもつ何らかの存在一般とでも呼べるものである。初詣の浅草寺《せんそうじ》で合掌瞑目する人びとをムスリムが見れば、ご本尊の聖観音《しょうかんのん》像（ムスリムにとっては偶像の類）を拝んでいるようにも見えるかもしれないが、実情は違う。見方によってはムスリムにとっての神と、観念として近いものでありうるのである。

時空間を超えた神

宣長が定義したカミとは、人間と地続きの存在である。これは明らかにイスラームの神とは異質である。しかし、自分を超えた力をもつ何らかの存在一般、という意味でのカミサマは、神的な存在を総体として一つのものと捉えていた場合、イスラームにおける神と非常に近いものになってくる。違うのは、それを唯一の創造神であると明確に認識しているか否かという点である。

仏教にはこれに類する考えかたがある。例えば、法《ダルマ》（真理）の集まり、あるいは法を身体とする存在のことを法身《ほっしん》という。議論はあるが、大乗仏教ではブッダとしてのゴータマ・シッダールタ（前五六六―前四八六／前四六三―前三八三）は入滅後、法身であったと考えられるようになる。本来は肉体をもった人間であったが、ブッダについての原始仏典中の「法を身体とする者」という記述もあって、ブッダは法身であると捉えられるようになった。

真理そのものが身体であれば、それは時間や空間によって変わるものではない。つまり、仏そのものが、時間や空間を超えて絶対的かつ不変のものとされるのである。華厳《けごん》教学における毘盧遮那《びるしゃな》仏《ぶつ》がそうした存在と考えられ、『華厳経』では全世界を毘盧遮那仏の顕現としてとらえる。そこには以下のような言葉がある。

仏身の大光明は遍く十方を照らし、処々に現前して住す。〔略〕仏身は虚空《こくう》の如く、無生にして所取無く、無得にして自性無し。*11

毘盧遮那仏から発する大光明は十方世界をもらすことなく照らし出し、世界のそれぞれの場所にふさわしい姿をとった存在者を顕現し存続させる。しかしながら、毘盧遮那仏そのものは虚空のようになんの限定も受けず、生成消滅もせず、何かであるという本質ももたない、そういう絶対的存在である。このような意味を引き出すことができるのではないかと思う。

大光明を発する当体である毘盧遮那仏はそれ自体はなんの限定も受けない全一なる実在であり、主客分離の対象的認識を受け付けない。知ることのできないという意味では無となるが、大光明として顕現してこの世界を現実化するという意味では存在の根源であるといえるだろう。このように現実の世界の根源は毘盧遮那仏にあるということで、絶対者との一体化の議論がここでも可能になる。

この考えかたが日本では真言宗《しんごんしゅう》に引き継がれた。真言宗において毘盧遮那仏は大日如来《だいにちにょらい》と名づけられ、世界の一切は、法身であるこの仏（如来）の現れであると考えられるようになった。真言宗では、真言（マントラ）を唱えながらこの仏と一体化するよう努めることこそが真理を知る道であるとされている。このような、時空間を超えた存在としての仏、真理の集まりとしての法身、その顕現としての世界というような考えかたは、イスラームの神秘思想・神秘哲学と非常に近くなる。また、真言を唱えて仏と一体化しようとする真言宗の行《ぎょう》は、神の名などの短い句を間断なく唱える神秘主義の行「ズィクル」に限りなく近づくのである。[*12]

真言宗の確立は九世紀ごろのことである。このときイスラーム世界ではまだ、右に述べたような世界観や神秘主義の行は確立されていない。とはいえ、密教からイスラームへ単純な影響関係を想定するのは現実的ではないだろう。同時多発的な「神との一体化」の試みであったと考えたほうがよさそうである。

右のように、時間と空間に制約されない普遍的な神という観念を共有するとすれば、日本の人びとにとって、イスラームの神は理解不能とは言えなくなるだろう。[*13]

一神教と多神教の区別

一神教という用語を、本書では主に第一章で用いた。ユダヤ教、キリスト教、イスラームという三つの宗教について、契約という観点から「セム的一神教」としてまとめることができるからである。そして前節で、ムウタズィラ学派が、神の至高性・唯一性などの一神教の本質を突きつめていったと述べた。

ここまで改めて説明をすることはなかったが、一神教と多神教という分類が現代の日本でも当然のように使われるのは、近代ヨーロッパの宗教研究の考えかたが私たちの頭のなかに浸透していることの現れである。そのことに対しては批判的な意識を向ける必要がある。今度は、近代の宗教学の枠組みを検討しながら、一神教の本質をとらえなおしてみよう。

一神教monotheismと多神教polytheismはギリシア語の一（monos）／多（polus）と神（theos）、からできた語である。成り立ちからも、神の数が単数か複数かという違いであることがわかり、実に明快である。しかし人間の営為の歴史がこのように明快な分類と整理に適しているかは別である。より正確にいえば、この分類の枠組みは、認知し崇拝する神的な実在を、数的にどう表象するかに基づいて宗教を整理するための概念である。そもそも日本語のように単数と複数を明確に区別しない言語で一と多を分けて議論するのはむずかしいように思う。

一神教は、人格的・超越的な一つの神を立てる宗教の形態であり、世界や人間の運命はその神が司《つかさど》るものと考える。イスラームがまさにそれであり、一般にはキリスト教も同様である（次節で取り上げるイブン・ハズムは同意しないかもしれないが。かれについては後述）。

これに対し、多神教は、宇宙のなかに現れた自然や精神の多様な働きのそれぞれを神であると捉え、そのように表象する宗教の形態である。これはインドの宗教、古代ギリシアの宗教、そして一般には日本の神道がその例とされる（ただし本節でこれまで神道のカミの超越性を検討してきた私たちは一定の留保をつけるべきだろう）。

一神教の成立についてはいくつかの議論が提出されてきた。ここでは興味深い四つの見解を取り上げたい。デイヴィッド・ヒューム（一七一一―七六）の宗教進化論、ヴィルヘルム・シュミット（一八六八―一九五四）の原始一神観（宗教退化論）、ラッファエーレ・ペッタッツォーニ（一八八三―一九五九）の預言者論、和辻哲郎（一八八九―一九六〇）の風土論である。

このうち前二者は、時間の流れが逆だが、単線的な思考において類似している。ヒュームは多神教が一神教に進化したと捉え[*14]、シュミットは逆に、一神教が先に生れていたが、それが退化して多神教が生じたと考えた。[*15]いずれにせよ、現在その学説をそのまま踏襲することは現実的ではないだろう。

これに対してペッタッツォーニは事情が異なる。かれによれば、一神教と預言者とは非常に密接な関係にある。はじめから神という「一者」の想定があって預言者が出てくるのではなく、預言者的直観と呼ぶべき感覚をもった人間が創唱し、共感する人びとがそれについていって教団となるという宗教史学からの見方を提出し[*16]、世界の宗教研究に影響を与えた。いまだにかれの学問的影響はヨーロッパでも大きい。

和辻哲郎は風土論的に宗教にふれるが、視点は人間に置かれており、一神教・多神教という概念を用いていない。[*17]「砂漠」の風土では人間は自然と敵対関係にあり、（個人ではなく部族という）全体への服従を特質とし、自然を支配する人格神への服従という生き方を生んだとし、ムハンマドにその典型を見る。ヤハウェにも一神教の枠組みを用いず、部族神としか描いていない。しかし、戦闘的な性格を指摘しており、多神教はたくさんの神をもつので他者の神も認め寛容な文化を生み、一神教は他の神を認めないので排他的であり不寛容な文化を生むという、一神教不寛容説を支える素地はあったかもしれない。

すでにあまり唱えられなくなった説について多言することは避けるが、寛容か不寛容かという問題意識は現実の社会と人びとの行為に向けられたものである。違うことを信ずる人を認めるか、あるいは迫害するかという実際の行動の区別を、その人の信仰する宗教が"一神教"と呼ばれる宗教であるか否かという理念的な区別に直結させてしまう思考は、論理的な飛躍を孕んでいるように思う。

類型を再考する

本節前半で、イスラームと神道では同じ神という言葉で違う内容を表しているということを述べた。その一方で、神的な存在一般という概念があるとすれば、その非限定性において、イスラームの神と私たちにとってのカミサマに共通点を見出せることを述べた。この節を締めくくるに当たり、あえてもう一歩踏み込んで、一神教／多神教という枠組みを再考してみたい。

一神教／多神教という枠組みの有効性が曖昧になるのは、現実の宗教現象において両者を截然《せつぜん》と分けることができなくなる事例が多く見つかるためである。次のように、一神教にもさまざまな種類を想定できる。

一、拝一神教（monolatry）

古代イスラエル、アブラハムと子孫たちの部族神・守護神として現れたヤハウェの信仰など。

多数の神の存在を認めながら、そのなかの特定の一神だけを崇拝する。広義の一神教の一つ。

二、単一神教（henotheism）

古代インドのヴェーダの宗教のように、多数の神を想定しているが祭祀にあってはそのなかの特定の神を、祭祀のあいだ最高神として祭式を行うもの。広義の一神教の一つ。

三、唯一神教（monotheism）

狭義の一神教。キリスト教、イスラームのように、他の一切の神的存在を認めないもの。

一については、ユダヤ教でなく古代イスラエルのヤハウェ信仰としたことに留意されたい。ユダヤ教は一の性格を残してはいるが、セム的一神教の系譜としては三に入るべき側面もある。

このように一神教のなかにも濃淡さまざまな形態がある。しかも、三に分類されていかにも「純粋な一神教」のようなキリスト教やイスラームにおいても、そこから外れる面が確かに存在する。キリスト教については本書でも次節で取りあげる「三位一体説」があり、神とイエスと聖霊の三つの局面から神をとらえるこの説は、イスラームにとっては神の唯一性を揺るがす議論であり、非難の対象である。

そして、イスラームにも神名論（属性論）という分野があり、ここにおいて神は複数性を帯びた存在としてとらえられていると言うことができる。もちろんこれは多神論ではないが、前節でもふれたが、ムウタズィラ学派のムスリムのなかには、それが神の唯一性を否定するものであるとして属性論を否定する者もいて、このような考えかたを無視することはできない。

逆に、多数の仏や菩薩を数え、多神教的な世界観をもつと考えられる仏教においても、本節で述べたような法身仏の顕現という考えかたからは、限りなくイスラームの神に近い、一神教的な神的存在のとらえ方を見出すことができよう。そして、神の動きを助ける仲介者としての天使などの存在は、一神教と多神教の懸隔をさらに縮めるものと言える。

こうしたことから、一神教／多神教という枠組みは、あくまで理念型としてのみ意味をもつと結論できるだろう。

三　イスラームによる先行宗教批判

三位一体説への警告

〝一神教〟が唯一の神を奉じる宗教のことであるのは明らかだが、よくみると話は単純ではない。イスラームは自らの「一神性」を強調し、ユダヤ教やキリスト教に対しては「純粋な一神教ではない」として批判を繰り返してきたからである。端的には、キリスト教の三位一体という考えかたが、イスラームとは相容れない。クルアーンには、キリスト教の三位一体説を批判する次のような句がある。

啓典の民よ、宗教のことに就いて法《のり》を越えてはならない。また神に就いて真実以外を語ってはならない。マルヤムの子マスィーフ・イーサーは、只《ただ》神の使徒である。マルヤムに授けられたかれの御言葉であり、かれからの霊である。だから神とその使徒たちを信じなさい。「三（位）」などと言ってはならない。止めなさい。それがあなたがたのためになる。誠に神は唯一の神であられる。かれに讃えあれ。かれに、何で子があろう。天にあり、地にある凡てのものは、神の有である。管理者として神は万全であられる。

（四章「婦人」百七十一節）

「啓典の民」とはユダヤ教徒とキリスト教徒を指す。マルヤムはイエス（イーサー）の母マリア、マスィーフとはメシア（救世主）でありイスラームではイエスの称号である。「止めなさい」「かれに、何で子があろう」と直接的に論難している。「神の有」とは神の所有物という意味である。また、直接的に「不信心者《カーフィル》」という強い言葉を使う箇所もある。

「神は三（位）の一つである。」と言う者は、本当に不信心者である。唯一の神の外《ほか》に神はないのである。もしかれらがその言葉を止めないなら、かれら不信心者には、必ず痛ましい懲罰が下るであろう。

（五章「食卓」七十三節）

このように明確に三位一体説を否定しているのである。[*18] また、トーラー（モーセ五書）についても、その記述はイスラームからは受け入れられないものがあった。イスラームの立場から、聖書の子細な検討によってこれら先行の「一神教」を批判したのが、次に述べるイブン・ハズム（九九四―一〇六四）である。彼の議論によって、イスラームが神をどうとらえていたかを、ムスリムの論理に内在して理解することができる。

比較宗教学の先駆

イブン・ハズムは十一世紀に活躍したイスラームの知識人である。神学者、法学者であり、政治家であり、また文学者でもあった。「はじめに」で描写した、イブン・ルシュドとイブン・アラビーの出会いよりも百数十年前の時代を生きたが、活動の舞台は同じアンダルスのコルドバであった。彼はアンダルスにあった後ウマイヤ朝（七五六―一〇三一）に忠誠を誓う宮廷人であり、宰相まで務めたが、その他の小王朝が分立する不安定な政情に翻弄され、財産没収、投獄、追放などの憂き目に遭《あ》いながらも、多くの著作を残した。

かれは、繊細な感受性と厳格な論理性という二つの資質を兼ね備えた思想家であった。前者によって、愛の諸相と愛する者の心理を詳細に描き出した『鳩《はと》の頸飾《くびかざ》り』[*19]を書き、後者によって、曖昧な推論を否定しクルアーンとハディースの文字通りの解釈を特徴とするザーヒル学派の法学に進んだ。著作は多岐にわたるが、ここで注目したいのは神学書『宗教哲学諸派弁別の書』[*20]である。当時のアンダルスではユダヤ教、キリスト教、イスラームが共存していた。異なる宗教が並び立ち、自らが真理であることをそれぞれが主張していた当地の状況が、かれのうちに異なる信仰に対する知的好奇心をかき立て、この本を生み出したと考えていいだろう。イスラーム以外の宗教についても詳細に議論を進めており、比較宗教学の先駆と捉えることも可能である。

この書は全五巻から成り、第一巻では世界の永遠性をめぐるさまざまな見解について述べ、預言者性と天使を否定する説や霊魂の輪廻《りんね》説に触れる。そしてキリスト教徒、ユダヤ教徒の信仰について論じ、とくにトーラー（律法、モーセ五書）について詳細な批判を加える。第二巻では引き続いて福音書の批判を行い、イスラームの諸派について議論を始める。以降の巻ではクルアーン、信仰と不信仰など神学の問題、預言者たち、終末論、イマーム論、魔術と奇跡、ジン（妖霊）とシャイターン（サタン、悪魔）、神学や哲学の諸概念が議論されていく。ここでは第一巻で行われているトーラー批判のうち、とくに創世記についての議論を取り上げて、イブン・ハズムがユダヤ教聖典を批判する様子から、セム的一神教内での論争の論理をみてみたい。

アラビア語訳トーラー

これまでにも述べてきたことだが、ムスリムの考えでは、ユダヤ教徒、キリスト教徒は神の啓示に由来する啓典をもっていながら、それを完全なものとして保持してはいない。クルアーンのなかにはヘブライ語聖書や新約聖書への言及があり、かなり精確な知識に基づいている。この知識はムハンマドの直接の弟子のなかにいたユダヤ教からの改宗者を通してとり入れられたものであると考えることもできよう。しかしイスラームの視点から言えば、ヘブライ語聖書、新約聖書、クルアーンのどれも、同じ神が、違う時代に違う預言者に伝えたものであり、モーセに伝えた話を再度ムハンマドに伝えたのだと考えれば何の不思議もない。

ユダヤ教・キリスト教聖典のアラビア語への翻訳はおそらくイスラーム以前に遡る。キリスト教徒のアラブ人のために詩篇や聖書の抜抄《ばっしょう》が作られていたと考えられる。その後、アラビア語がクルアーンの言語であることで、イスラームの拡大とともに文化的言語としての地位を高める。そして、アラビア語を母語とするユダヤ教徒、キリスト教徒が増加し、その結果かれらは自らの必要のために翻訳を行うようになった。

モーセ五書（創世記、出エジプト記、レビ記、民数記、申命記）は、ヘブライ語原典、ギリシア語七十人訳、ラテン語ヴルガータほかさまざまな言語からアラビア語へ訳された。九世紀に行われた翻訳作業で最良のものと評されたのは、バグダードで行われた、フナイン・ブン・イスハーク

（八〇九頃―八七七）によるギリシア語七十人訳からの翻訳であった。しかしイブン・ハズムのいたアンダルスのキリスト教徒のあいだでは、アラビア語の完全な聖書の翻訳はなかったようである。イブン・ハズムがどのような訳本を用いたのかは必ずしも明らかではないが、すでにアラビア語の翻訳が存在していたことだけは確かである。

イブン・ハズムは『宗教哲学諸派弁別の書』で、トーラーは一行およそ十語で各ページ二十三行から成る全百十葉の規模である、と具体的な大きさを述べ、「この前およそ二葉のところに」とか、「それは遠くではなく六行後にある」などと記しており、書冊の形のトーラーのテクストを参照しているのは明らかである。また、「私はそれの別の写本には〔以下のように書かれているのを〕見た」とか、ユダヤ人のなかでもサマリヤ人はほかのユダヤ人と異なるトーラーをもち、互いに相手の聖典を否定し合っている、などという記述から、複数のテクストを参照できていたこともわかる。また、創世記を批判している部分では、全体にわたってほぼ創世記の記載通りの順番で批判がされており、かれが創世記のテクストを手にしてその作業を進めていたであろうことが推測される。

かれ自身にはヘブライ語の知識はなかったと考えられる。[*21] しかし、例えば創世記四十九章十節の記述に関して、ユダヤ教徒のなかでももっとも学問がありもっとも弁の立つ者に自分の意見を承認させた、という記述が出てくる。このことは、かれがトーラーを激しく批判しているにもかかわらず、アラビア語に訳されたトーラーを読み、なおかつ学識のあるユダヤ教徒と実際に議論を行うことのできる環境にあったことを示している。かれがユダヤ教について精確な知識をもっていたことの一つの理由になるだろう。

イスラームにとっての啓典

具体的な議論の前に、「啓典の民」がもつ「啓典」をムスリムがどうとらえているかを、この項で簡潔に説明しておきたい。

ユダヤ教徒はクルアーンの次の句をもって、イスラームでもトーラー（律法）が認められていると主張するという。

誠にわれは、導きとして光明のある律法を、（ムーサーに）下した。それで（神に）服従、帰依した預言者たちは、これによってユダヤ人を裁いた。聖職者たちや律法学者たちも（裁いた）。神の啓典の護持を託されていたからである。かれらはそれに対する証人でもあった。

（五章「食卓」四十四節より）

クルアーンのこの節では確かにトーラーが「導き」であり「光明」があるとされている。しかしイブン・ハズムはこれに対し、「律法と福音書は書き換えられたものであるという我々の見解に反するものではなく、ユダヤ教徒やキリスト教徒の手にあるものが下されたときのままであると主張する者の論拠にはならない」とする。そして、律法や福音を神から下された啓典であると認めながらも、実際に伝わっているものは信仰のない者たちに勝手に書き換えられ、下された当時の真理性を保っているわけではないと考えるのである。そして、右に引いた節について、それをイスラームがトーラーを認めた証拠であると主張するユダヤ教徒に直接反論する。

確かに、それ〔「食卓」四十四節〕は文字通りのそのままに真実である。我々がすでに言っていることは、至高の神は律法を下し、それによって裁きを下したのが、ムーサー、ハールーン〔アロン〕、ダーウード〔ダヴィデ〕、スライマーン〔ソロモン〕のような神の意思に服従した〔すなわち、言葉の本来の意味での「ムスリム」になった〕預言者たちであり、〔略〕預言者たち——かれらの上に平安のあらんことを——の力でその時代に裁き手となった聖職者や律法学者であり、また〔その後の〕勝手な書き換えの起きる前のかれらの時代の聖職者や律法学者であった。〔略〕しかしこのクルアーンの節には、〔律法は神が下したとあるが、〕本文によっても証拠によっても、その後勝手な書き換えは〔律法のなかには〕まったく起きていないとは言われていない。

このように、クルアーンによって肯定されている律法は神から下されたままの状態の、勝手な書き換えによって虚偽の混じる前の段階のものであると記し、その理想的状態での律法を承認するからといって現在の実際の虚偽に満ちた律法まで承認していることにはならないというのである。律法であれ福音であれ、クルアーンを下したのと同じ神が下したものなのであり、本来ならばどれに従っても神の恵みにあずかることができるはずである。しかし律法や福音の真理性はもはや保持されていないので、ムハンマドを通してしか神の意思を知ることはできない、という結論に至るのである。

いまのユダヤ教徒やキリスト教徒のもつ律法、福音は歪曲《わいきょく》されたものであるというイブン・ハズムの見解は、ムスリムの一般的理解といえるだろう。同じムスリムのなかでもこの見解を認めずユダヤ教徒たちの伝承は正しいものであると主張する者もいたようである。イブン・ハズムは、そうした穏健な立場を、クルアーンやハディースによって否定する。[*22] そしてその主張のなかでハディースを引く。

啓典の民はヘブライ語で律法を読み、それをイスラームの民にアラビア語で説明していた。神の使徒〔ムハンマドのこと〕――かれの上に神の祝福と平安のあらんことを――は言った、「啓典の民を正しいと思ってはならないし、嘘をついていると考えてもいけない。ただ我々は我々に下されまたあなた方に下されたものを信じます、と言いなさい。我々の神とあなた方の神は一つです」と。[*23]

このハディースは、律法や福音の神性に対して判断を停止しているものと考えるべきではないかと思われるが、おそらくイブン・ハズムは、「嘘をついていると考えるな」という言葉をもって「律法や福音が神に起源をもつ」という意味に解釈し、「正しいと思うな」という言葉をもって「現実の啓典はその神性を保持していない」という意味に解釈したのであろう。こう考えるとイブン・ハズムの解釈は筋が通ることになる。

ムスリムがユダヤ教やキリスト教をどう考えているかについてその全体像を把握することは簡単ではないが、ここにその明白な一端をみることができるだろう。クルアーンに先行する律法と福音は神の啓示であったが、伝承の過程で虚偽が混入した。ゆえに現実の啓示としての効果はなく、したがって真実に到達するにはクルアーンによる以外に方法がない、と考えるのである。これはイブン・ハズムだけではなく、ムスリム一般に広く共有される考えかたであると言えるだろう。

神にふさわしくない記述

では、具体的にどのような批判を行ったのか。イブン・ハズムの創世記批判は筆者が見るところ大きく分けて三つあるが、ここではそのうちの一つ、神や預言者を描いた部分において、それらにふさわしくない記述を挙げて批判する議論だけを取り上げたい。ちなみに残り二つとは、一つが創世記のテクスト間で矛盾した記述を挙げる批判、[*24] もう一つが事実に反する記述を挙げる批判[*25]である。

何が、神や預言者にふさわしくない記述と考えられたのか。まとめるなら、「神人同型性」「多神性」「神の子」「不信仰」「三神説」「姦淫」「預言者の冒瀆」の七つになるだろう。これらはすべて、イスラームにとって神が何でないかを端的に示す好例である。

一、神人同型性

創世記第一章二十六節に「神は言われた。『我々にかたどり、我々に似せて、人を造ろう』」とある。イブン・ハズムの参照した訳では「私は人を我々の形態に基づいて我々の似姿のように組み立てよう」となっていた。

ここで「我々の形態に基づいて」とだけ言うのであれば妥当な意味をもったであろう。すなわち、「神のもつ固有の性質に基づいて」と読むことができ、神独自の特性である「ものを創り出す力taṣwīr」に基づいていると考えることができるからである。

しかし、「似せて」――イブン・ハズムの参照訳では「似姿shabah」――となると事情が違う。これは視覚的な形態の認識をもとにした言葉であり、「形態」と異なり解釈を拒んで、言い逃れようがない。死すべき被造物であるという面での人間の似姿を神と共有させてしまうということになり、これは神の冒瀆以外の何物でもない。

二、多神性

創世記第三章二十二節でエデンの園からアダムを追放する際に神が言う。「人は我々の一人のように、善悪を知る者となった」。「我々の一人」とは、主なる神のほかにも同等の存在が想定された表現であり、かれらが二以上の多なる神々であることを示す記述である。したがってアダムを創造した者は、アダム以前に至高の神が創造した被造物に過ぎず、ただ善悪を知る木の実、永遠の命の木の実を食べて神々の一人になっていた者であると結論づけられる。したがって唯一の主なる神とは違い、そういうものとして創世記でここまで描かれてきた神の概念と齟齬が生じるのである。

三、神の子

創世記第六章には、「神の子」と人間の娘が交わるという記述が出てくる。「神の子らは、人の娘たちが美しいのを見て、おのおの選んだ者を妻にした」(二節)、「当時もその後も、地上にはネフィリムがいた。これは、神の子らが人の娘たちのところに入って産ませた者であり、大昔の名高い英雄たちであった」(四節)。ネフィリムとは、同じくモーセ五書である民数記第十三章三十二節から三十三節によれば「巨人」を指すが、いずれにせよ、神という存在に子があり、それが地上に降りて人間の娘と交合して巨人を産ませたというこの記述はイブン・ハズムにとって「馬鹿げており、大嘘」である。神の子とは天使のことであると解釈する者がいるが、この記述はあまりに明白で否定できない。

四、不信仰

創世記第十五章で、神はアブラハムに、「わたしはあなたにこの土地を与え、それを継がせる」と言う（七節）。これに対してアブラハムは「わが神、主よ。この土地をわたしが継ぐことを、何によって知ることができましょうか」と問う（八節）。これは神に対して証拠を要求するものであり、神の言葉を信じない者の言動である。アブラハムは神の従順な僕《しもべ》であり、とくに「イブラーヒーム（アブラハム）の宗教に帰れ」と呼びかけたイスラームにとって、かれがこのような不信仰を犯すことはありえないのである。

じつはクルアーンにもこれに類する表現がある。

イブラーヒームが、「主よ、あなたは死者をどう甦らせられるのかわたしに見せて下さい。」と言った時（のことを思え）。主は言われた。「あなたは信じないのか。」かれは申し上げた「いや、只わたしの心を安らげたいのであります。」かれは言われた。「四羽の鳥をとって、それらを手元に集め切り刻み、それからそれらの一部をそれぞれの丘の上に置いて、それらを呼べ、それらは急いであなたの許に来るであろう。それであなたは、神が偉力ならびなく英明であられることが分るであろう。」

（二章「雌牛」二百六十節）

イブラーヒームは一見、神の力を疑っているかに思えたが、イブン・ハズムによればイブラーヒームの信仰の堅固さはそれに続く言葉で明らかであって、律法にみられるアブラハムの不信仰の言葉とは違うと、クルアーンのこの部分への指摘を予期したかれは述べている。

五、三神説

二の多神性批判と質的には同じである。創世記第十八章には、「三人の人」がアブラハムを訪れる印象的な場面がある。


主はマムレの樫《かし》の木の所でアブラハムに現れた。暑い真昼に、アブラハムは天幕の入り口に座っていた。目を上げて見ると、三人の人が彼に向かって立っていた。アブラハムはすぐに天幕の入り口から走り出て迎え、地にひれ伏して、言った。

「お客様、よろしければ、どうぞ、僕《しもべ》のもとを通り過ぎないでください〔略〕何か召し上がるものを調《ととの》えますので、疲れをいやしてから、お出かけください。〔略〕」。

その人たちは言った。「では、お言葉どおりにしましょう。」

アブラハムは急いで天幕に戻り、サラのところに来て言った。

「早く、上等の小麦粉を三セアほどこねて、パン菓子をこしらえなさい。」

アブラハムは牛の群れのところへ走って行き、柔らかくておいしそうな子牛を選び、召し使いに渡し、急いで料理させた。アブラハムは、凝乳《ぎょうにゅう》、乳、出来たての子牛の料理などを運び、彼らの前に並べた。
（第十八章一節から八節）

最初の文（一節）では、アブラハムを訪れた者が「主」となっており、この章全体では、主なる神が「三人の人」として現れていると解釈せざるをえない構造になっている。しかしこの三人が神であるとすれば、キリスト教の三位一体説よりもひどい（好ましくない）三神説となってしまう。

この三神説批判への反論として、この「三人の人」は天使である、という主張が想定されるが、仮に天使であるとすれば以下七つもの不都合が生じると、イブン・ハズムは議論を先回りして列挙する。

① 天使が三人現れただけならば「主はマムレの樫の木のところでアブラハムに現れた」（一節）という記述が不可能になる。

② 三人の天使が一人となって語っており、これは三位一体というキリスト教徒の誤りが加わったもので、ありえないことである。

③ 天使といえども被造物である。被造物に跪《ひざまず》いて拝むことは誤りである。神以外のものに対してそうした行動をとることは、神への冒瀆につながるからである。

④ アブラハムはみずからを僕《しもべ》と呼ぶが、天使など神以外のものに対して僕となることは許

されない。前条と同じ論理である。

⑤ 天使がパン（菓子）を食べて疲れを癒《い》やすことなどありえない。

⑥ かれらはパン（菓子）、牛乳、脂肪、子牛の肉などを食べたが、神や天使にはありえないことである。

⑦ 脂肪を食べること、肉と乳を混ぜて食べることは、モーセ五書内のレビ記や出エジプト記で明確に禁じられているのに*26、アブラハムはそれを行った。

六、姦淫

創世記第十九章三十節以降では、ソドムから脱出した預言者ロトと暮らす二人の娘が、父に葡萄酒を飲ませて酩酊させ、そのあいだに交わって子をもうける記述がある。これも当然、弾《だん》劾《がい》の対象になる。イブン・ハズムは次の三点について批判する。

①「わたしたちのところへ来てくれる男の人はいません」（三十一節）とあるが、今日までよく知られているように彼らの洞窟からアブラハムの住む村までは一ファルサフ（約八キロ）しか離れておらず、誰も来ないとは考えられない。

②「父親は、娘が寝に来たのも立ち去ったのも気がつかなかった」（三十三節）というが、交わったことの記憶はなくても娘が不義の子を産むのを見れば、これは永遠の恥辱であり、神の使徒であり預言者であるロトにあってはならない。

③　姉の産んだ子がモアブ人[*27]の先祖となり、妹の子がアンモン人の先祖となったというが（三十七―三十八節）、姦淫の子に国を継がせ、それを公認するのは、神に対して許しがたいことである。

七、預言者の冒瀆

ヤコブが父イサクを騙《だま》し、兄エサウのための祝福を受け取る話も、預言者であるヤコブが人を騙すというあり得ない記述である。

これらはすべて、イスラーム側からの一方的な論駁である。しかし論理的な構えとしては現在でもほぼ通用する議論になっている。こうした議論がすでに十一世紀のスペインにおいて、価値観を異にする他者への批判――論理的な意見交換という知的交流をともなったもの――として成し遂げられていたことの知的成熟には、あらためて注目する価値があるだろう。このことは異教併存という当時のアンダルスの精神的状況が作用していることも否定できまい。当時のスペインでは一般的に〝寛容〟の精神があったという指摘も興味深い。[*28]

註

*1 キリスト教神学の用語。啓示の内容を理性・学術知識をもって真理の体系として表現する学問分野。カトリック神学ではとくに思弁神学と呼ばれ、トマス・アクィナス『神学大全』などが代表的である。

*2 ムウタズィラ学派を受け継いだ後世のアッラーマ（〝大学者〟）・ヒッリー（一二五〇—一三二五）の整理による。al-Ḥillī, al-ʿAllāma, *Kashf al-murād fī sharḥ Tajrīd al-iʿtiqād*, ed. by Ḥasan Ḥasanzāda al-Āmulī, Qumm, 1407AH, pp.296-299.

*3 かれはニーシャプールのニザーミーヤ学院で教授を務め、若き日のガザーリー（後出）の師となった。

*4 al-Juwaynī, Imām al-Ḥaramayn, *Kitāb al-irshād ilā qawāṭiʿ al-adilla fī uṣūl al-iʿtiqād*, ed. by Muḥammad Yūsuf Mūsā & ʿAlī ʿAbd al-Munʿim ʿAbd al-Ḥamīd, 1369AH, al-Qāhira, pp.176-177. アシュアリー学派の神学書はこうした形式をとるものが多かった。

*5 また、「見ることができない」とした七章「高壁」全体を参照しつつ、神がどのような場合でも「わたしを見ることはできない」とムーサーに答えたのだとすると、ここで預言者であるムーサーは神に決して受け入れられないような愚かな要求をしたことになり、神の知恵を受け取るほどの智者である預言者が、絶対に許されないことを神に要求するなど考えられず、したがってムーサーが神に求めたのはそれが可能であるからだという説明も行う。al-Juwaynī, 1369AH, p.184.

*6 伝承の内容を第一に優先するハンバリー学派、またそのひとりイブン・タイミーヤ（一二五八—一三二六）の『ワースィト教義』など。

*7 ムウタズィラ学派は、アッバース朝（七五〇—一二五八）初期の九世紀前半にハリーファ（カリフ）の支持を得て政治的に公認された神学となった。一方、十一世紀の後半になるとセルジューク朝（一〇三八—一一九四）の宰相ニザーム・ル・ムルクがニザーミーヤ学院を設立、その教授にジュワイニーが任命された頃からアシュアリー学派は国家に認められ保護される神学となった。

*8 井筒俊彦「中世ユダヤ哲学史における啓示と理性」『井筒俊彦全集』第十巻、慶應義塾大学出版会、二〇一五年、十一—十二頁。

*9 本居宣長「古事記伝」三之巻『本居宣長全集』第九巻、筑摩書房、一九六八年、一二五—一二六頁。引用にあたっては適宜表記を改めた。

*10 月本昭男氏の示唆による。

*11 實叉難陀譯『大方廣佛華嚴經』（No. 279）巻三 世主妙嚴品第一之三（大正蔵第一〇巻一五頁a-b）。本引用については小島岱山老師の示唆を受けた。記して謝意を示す。

*12 ズィクルと法然の念仏を対比した研究が以下にある。K. Nakamura, "A Structural Analysis of *Dhikr and Nembutsu*," *Orient*, vol.7(1971), pp.75–96.

*13 古事記神話に流出論的神学を見ようとする興味深い論考が五十嵐一にある。「アッラーの神——ひとつの神名論的反省」

『イスラーム・ルネサンス』勁草書房、一九九六年、一六五―一六八頁。

*14 デイヴィッド・ヒューム著／福鎌忠恕ほか訳『宗教の自然史』法政大学出版局、一九七二年。

*15 Wilhelm Schmidt, *Der Ursprung der Gottesidee*, Münster, 1929–55.

*16 Raffaele Pettazzoni, *L'onniscienza di Dio*, Torino, 1955. なお、江川純一『イタリア宗教史学の誕生――ペッタッツォーニの宗教思想とその歴史的背景』勁草書房、二〇一五年参照。

*17 和辻哲郎『風土』岩波文庫、一九七九年。

*18 ただしクルアーンでは三位一体説をキリスト教の理解通りにとらえていないと批判する者もいる。神、イエス・キリスト、聖霊の三者ではなく、神、マリア、イエスの三者を指していると考えられる。

*19 邦訳に黒田壽郎訳・解説『鳩の頸飾り――愛と愛する人々に関する論攷』岩波書店、一九七八年がある。

*20 Ibn Ḥazm, *Kitāb al-fiṣal* (or *al-faṣl*) *fī al-milal wa al-ahwā' wa al-niḥal*, 5 vols., Baghdād, n.d., (repr. of 1321AH) を底本として用いた。本書で言及したのは一一七―一五二頁、一八七頁、二一三―二二一頁。

*21 バスラの人からイスラエル（Isrā'īl）のエル（'īl）はヘブライ語で神を意味するのだと教えられた（前掲書一四二頁）などとあり、知人にヘブライ語の意味を尋ねたりしたことの記載があるため。

*22 前掲書二一五頁でこう論じる。ユダヤ教徒の伝承を認めるムスリムがいる。しかしユダヤ教徒の伝承にはムハンマドへの言及がなく、またムハンマドが預言者であるとの言及もない。だから、ユダヤ教徒の主張が正しいと考えるムスリムは、ムハンマドの預言者性の否定をも正しいと考えざるを得なくなる。なぜなら、ある伝承は虚偽を伝え、別のある伝承は真実を伝えると考えることは自己矛盾であり間違いだからである。イブン・ハズムはこのように述べる。

*23 前掲書二一六頁。引用されるハディースは教友アブー・フライラ（？―六七八）からのものである。

*24 年齢や年数に着目して、ある箇所の計算が正しいとすれば別の箇所で数字が合わなくなるという指摘に基づくものである。一例を挙げれば、創世記第六章三節の「人の一生は百二十年となった」という記述に対し、第十一章十節でセムが六百年生きたとあること、同十二節でアルパクシャドが四百三十八年（イブン・ハズムのテクストでは四百六十五年か）とあり矛盾があるとする。

*25 地理的な事実や歴史的な事実と反することの指摘に基づく。例えば、創世記第二章十節で、エデンの園を潤した流れが四つに分かれ、ピション、ギホン、チグリス、ユーフラテスの四河川になるとあるが、ナイル川に比定されるピション、ジャイハーン川（トルコ南部から地中海に注ぐ川）に比定されるギホンが、イラクを流れてペルシャ湾奥に注ぐチグリス、ユーフラテスなどと流れが重なる地点があるわけがない、という議論になる。前註もふくめこうした矛盾点は、伝承過程でテクストが混乱したゆえに矛盾が出てきたものであり、それこそ虚偽が混入した証拠になっていると考えられるのである。

*26 レビ記第七節二十三章に、主がモーセを通じてイスラエルの民に伝えさせた言葉として「牛、羊、山羊の脂肪を食べてはならない」とある。また、出エジプト記第二十三章十九節および三十四章二十六節および申命記第十四章二十一節に「子山羊を

その母の乳で煮てはならない」とある。この句に基づいてユダヤ教徒は肉と乳とを同時に摂取することを忌む。

＊27　モアブ人は現ヨルダンから死海の東部にかけて住んでいた民族。アンモン人は現ヨルダンあたりにいた民族。両者ともセム系で、イスラエル民族との抗争を繰り返したが、前七—前六世紀には衰えた。

＊28　マリア・ロサ・メノカル著／足立孝訳『寛容の文化——ムスリム、ユダヤ人、キリスト教徒の中世スペイン』名古屋大学出版会、二〇〇五年参照。

第四章
神秘家とその営み

一 「タサウフ」と神秘主義

欲望の克服

私たちの一生は、欲望に彩られ、欲望につき動かされ、欲望に惑わされている。度を過ぎた欲望を貪《とん》（貪欲）と呼び、これがもたらす苦《く》から解放されることが人の正しい道である――。そう説いたのが、古代インドのブッダ（ゴータマ・シッダールタ）であった。欲望の充足は新たな欲望を産む。〝もっと、もっと〟と求める貪欲の克服は難題だが、これを断って「悟り」の境地に至ることを、初期の仏教は目指した。欲望が迷いや苦しみを生むという見立ては、人類に普遍的なものだろう。ブッダはその仕組みをよく認識することで苦しみから解放されると説いたのである。

ブッダより少しあとの時代、ギリシアで学校を開いたゼノン（前三三五頃―前二六三頃）によって形成された学派はのちにストア派と呼ばれたが、その倫理学（道徳論）においては、宇宙を司る神の理性に従うことが人間の目指すべき道であるとされた。理性によって情動を抑え、規律、節度を旨として生きることを「徳」として推奨したストア派は、このことによってのちにストイック（克己的な、禁欲的な、苦痛を表情に出さない）という語の語源となった。

ゼノンはかつてキュニコス派（キニク派、犬儒派）に属するクラテスという人物に師事していた。キュニコス派は「徳」の実現のために無欲・無所有を是とし、常識や人為的規範に囚われない態度を勧め、反世俗的・禁欲的な生活を実践した。なかでも着衣に関して彼らは共通して粗末な衣を好んだといわれる。クラテスが師事したとされるディオゲネス、さらにディオゲネスが師事したといわれるアンティステネスについても、衣の粗末さにまつわる挿話が伝えられている。

ストア派はキュニコス派を受け継いだと言えるが、両者ともソクラテス（前四七〇―前三九九）以来の「徳」を至上の目的とした。徳とは、道徳的・倫理的に善きことへの志向、それを実現する能力などを指している。アンティステネスはソクラテスの弟子であった。

タサウウフをどう訳すか

それから一千年ほどあとのイスラーム世界にも、禁欲的な生活を送る人びとがいた。世俗を逃れ、世捨て人のようにして生きた聖者たちである。八世紀前半のことである。

かれらのうち、ある者たちはスーフィー ṣūfī 呼ばれた。アラビア語でスーフ ṣūf とは羊毛である。羊毛でできた粗末な服を着ていたためにスーフィーと呼ばれたといわれている。スーフィーたちの生きかた・考えかたのことをタサウウフ taṣawwuf という。読者のほとんどは初めて見る語であろう。しかし、取るに足らない無名な思想の話をしているわけではない。

タサウウフというアラビア語に対しては、スーフィズム Sufism という英語と、「神秘主義」あるいは「イスラーム神秘主義」という日本語が訳語としてあてられている。[*1] 日本の高校の教科書にも載っている言葉である。スーフィズムはスーフィーというアラビア語に英語の接尾辞 -ism をつけて「スーフィーの信仰・態度」としたものであって、ほぼタサウウフというアラビア語と同等の意味になろう。ではその「スーフィーの信仰・態度」が日本語でなぜ「神秘主義」になるのか。

「神秘主義」とは本来、西欧語ミスティシズム mysticism（英）／ミスティク mystique（仏）／ミスティツィスムス Mystizismus（独）の日本語訳である。スーフィズムを日本語にする際に、なぜミスティシズム等に対する日本語訳が流用されてしまったのか。ここには日本の学問への近代ヨーロッパの影響が現れているとみることができる。

近代ヨーロッパの宗教研究は伝統的なキリスト教理解の枠組みの大きな影響の下にありながら、異文化、異なる宗教への啓蒙主義的な関心から出発した。キリスト教においては神秘主義的思索は古くから存在し、それは使徒パウロ（一〇頃―六七頃）の言葉に端的に示されている。

〔略〕わたしは、キリストと共に十字架につけられています。生きているのは、もはやわたしではありません。キリストがわたしの内に生きておられるのです。わたしが今、肉において生きているのは、わたしを愛し、わたしのために身を献げられた神の子に対する信仰によるものです。

（ガラテヤの信徒への手紙二章十九節から二十節）

キリストと一つになることが彼の信仰の中核にあるといっていいだろう。地上で肉体をもったイエスが神の子であり、それは三位一体の教義で説明するように父なる神と本質を同じくする。神とのなんらかの一体性の実現の戸口として、肉体を受けて顕現した神としてのキリストが考えられているのである。アレキサンドリアのギリシア教父アタナシウス（二九三頃―三七三）は「実に、この方（言《ロゴス》）が人となられたのは、われわれを神とするためである」（アタナシウス『言《ロゴス》の受肉』*2）と述べており、この人間の「神化（神成）theosis」の考えは東方教会の神秘主義で大きな役割を果たしてきた。受肉のキリストの存在が、まさに人間の魂が神と一つになる「神化」を目指す指針となるのである。

神秘主義はキリスト教文化圏のなかで多彩な展開を示している。その一例として、十六世紀スペイン・カトリックの神秘家、十字架のヨハネ（一五四二―九一）をあげよう。彼は魂の神との合一を目指して進む歩みを内省的に心理描写したり、合一の様態に婚姻のイメージを重ねて詩のかたちで表現したりしている。彼の作品の一つ、『霊の讃歌』から引いてみよう。この作品は花嫁が愛する不在の恋人（花婿）を追い求め彷徨《さまよ》い、ついに花婿が現れ、ふたりは結ばれ、麗《うるわ》しい自然のなかで愛の喜びに浸るという展開になっており、その最終段階に入る情景を歌ったものである。*3

楽しみましょう、愛しい人、
そしてあなたの美しさのなかで、見に行きましょう
あの山へ、あの丘へ
そこには清水が湧いています
繁みのなか、もっと奥へ入っていきましょう

そしてあの高みにある
岩の洞窟まで　いっしょに登っていきましょう
そこはひっそり隠された場所
そこに私たち　いっしょに入っていきましょう

そして柘榴《ざくろ》のお酒をいっしょに味わいましょう

以上の詩句にヨハネ自身が解明をくわえており、その二行目の詩行について述べるなかで、次のようにいう。

私は貴方の美の中で貴方と見え《まみ》、貴方は貴方の美の中で私と見えるようになりましょう。そして私の美は貴方の美であり、貴方の美は私の美でありましょう。こうして、私は貴方の美の中で貴方であり、貴方は貴方の美の中で私であることでしょう。なぜならば、貴方ご自身の美が私の美となっているでしょうから。こうして、私たちはお互いを貴方の美の中で見つめあうこととなるのです。

このように人間の魂が神ひとりに向き合い、そこで向き合った相手にのみ心を向けるという、魂と神との関わりに集中するような思索を展開するのが、一つの典型的な神秘主義といえるであろう。

他方、イスラームには二十世紀まで、音楽に合わせて集団で旋回舞踏する修行を行う教団があり(マウラウィー教団)、ヨーロッパ人がこれに接したときの秘教的、神秘的という印象には強烈なものがあったと思われる。日本人でもこの教団に強い印象を受けた人が多いだろう。この教団の起源は十三世紀に遡るが、オスマン帝国下で盛行した。それ以前から、前述した通り、キュニコス派のように、世捨て人のごとくスーフを着、人里離れたところで行に励む聖者たちも存在していた。マウラウィー教団も聖者たちも、イスラームの実践者の数だけを基準にみるならば、もちろん少数派である。

キリスト教研究の基盤の上にイスラームを観察した宗教学者たちは、マウラウィー教団や過去のスーフィーたちの言動を知るに及んで、これらがイスラームの総体に占める地位は、教会といった一つの制度としてのキリスト教のなかで神秘主義が占めている地位と近いものであろうと見当をつけたのかもしれない。だから、スーフィズムという、半分はアラビア語である訳語と並行して（あるいはスーフィズムに対する更なる訳語として）、「イスラムのミスティシズム」の語を与えたのである。

そして日本語への翻訳に際しては、西欧においてスーフィズムという語とミスティシズムという語が同じタサウウフという対象を指していることが注目された。スーフィズムにはまだ日本語がないが、ミスティシズムには「神秘主義」という語が合う——こうしてタサウウフの訳語としてミスティシズムの訳語が採られ、タサウウフというアラビア語が指していたものが「神秘主義」と呼ばれるようになったものと推測される。日本におけるタサウウフの研究は、こうしてヨーロッパのキリスト教を基盤とした宗教研究の影響を受けることになった。

とはいえ、スーフィーの信仰・態度（タサウウフ）は歴史的には大きな変容があり、スーフィズムあるいはタサウウフといってもそれが指示する内実は時代や地域によって違ったものである場合がある。思想の面でもスーフィーの思想が神秘主義ではないこともある。それゆえ、神秘思想を主題とする本書ではできるだけスーフィー、スーフィズム（タサウウフ）という語の使用を避けるようにした。ただ、これまでの慣習で使わざるを得ない場合もあるので、使っている場合は、基本的にイスラームの神秘家、神秘主義と互換できるものとして用いている。

キュニコス派、ストア派の人びとは「徳」のために禁欲的生活を送ったが、スーフィーたちがそれと異なるのは、かれらの禁欲がもっぱら神を志向していた点である。禁欲主義的態度は時代や文化を問わず存在したが、神秘主義の条件としてこの「神への志向」を指摘することができるだろう。神秘主義における禁欲行には、ラマダーンでのサウム（斎戒。とくに食事制限）よりも厳しい断食*4などの苦行《くぎょう》も含まれていた。

理論的な説明はここで区切って、イスラームの思想的伝統を彩る聖者たちを見ていくことにしよう。

二　教友と禁欲家たち

「埃になりたい」――教友たちの畏怖

最初期のスーフィーはムハンマドの同時代にすでに現れる。イスラームの社会でも、とくに早い時代のスーフィーは禁欲家という面が強調されている。スーフィーという語はこの二つの面を包括できるのでここでは使用する。サハーバ（教友）であったイムラーン・ブン・フサイン（？―六七二）は、「埃《ほこり》になりたい」という言葉を残した。これはどういうことか。

イスラームの教えに従ってこの世を理解すると次のようになる。この世はいずれ天使のラッパとともに終末を迎えてしまう仮のもの、はかないものである。だからこの世に心をつないでいてはならない、執着を断っていかなければならない。現世的な欲望、例えばお金が欲しい、おいしいものを食べたい、（男性の場合は）きれいな女性を娶《めと》りたいというような欲望から離れることが大事なのだ――。

伝えられているイムラーン・ブン・フサインの言葉は「私は風が散らす埃になりたい。私は〔神の審判による〕罰の恐ろしさを思うと、創造されたくなかった」[*5]である。現世的な欲望から離れるばかりか、世界の終末における審判や地獄の刑罰への恐れ、それを司る神への畏怖がよく表れている言葉とみることができる。かれが生きていた時代に現在の形のクルアーンは完成していたと思われるが、そのクルアーンにはこの恐れの対象が次のように描かれている。

太陽が包み隠される時、諸星が落ちる時、山々が散る時、孕んで十ヶ月の雌駱駝が等閑《なおざり》にされる時、様々な野獣が（恐怖の余り）群をなし集まる時、大洋が沸きたち、溢れる時、〔略〕天が剝ぎ取られる時、獄火が炎を上げさせられる時、楽園が近付く時、（その時）凡ての魂は、先に行った（善悪）の所業を知るであろう。

（八十一章「包み隠す」一節から十四節）

それでラッパが一吹き吹かれた時、大地や山々は持ち上げられ、一撃で粉々に砕かれ、その日（一大）事件が起る。また大空は千々に裂ける。天が脆く弱い日であろう。天使たちは、その（天の）端々におり、その日、八人（の天使）がかれらの上に、あなたの主の玉座を担うであろう。その日あなたがたは（審判のため）みな剝き出しにされ何一つとして隠しおおせないであろう。

（六十九章「真実」十三節から十八節）

その日、大地と山々は震動し、山々は崩れ流れて、砂の固まりになるであろう。本当にわれは、あなたがたの証人とするために、使徒をあなたがたに遣わした。われがかつて、フィルアウン〔エジプト王〕に一人の使徒を送ったように。だがフィルアウンはその使徒に従わなかったので、われはかれを厳しく罰して破滅させた。もしあなたがたが依然として（神を）拒否するなら、子供が（恐怖のあまり）白髪になる日、あなたがたはどうして自分を守れようか。その日、天は裂け散るであろう。かれの約束は、必ず完遂されるのである。

（七十三章「衣を纏う」十四節から十八節）

こうした句の読誦に慣れ親しんでいたサハーバたちが、神への畏怖を主因として、禁欲、現世の否定、神への専心、神秘的知識への希求といった傾向をもつようになっても不思議はない。「埃になりたい」というのは、人間である以上すべての行いが、神との契約に適ったものであるかどうかを神に見られ、終末時に審判を受けて地獄に落とされるかもしれないから、人間として創造されたくなかった、本当はそうしたおそれのない塵芥《ちりあくた》のような存在になってしまいたかった、という意味である。

イムラーン・ブン・フサインのほかの教友たちもそうした傾向をもっていた。*6

「あなた〔神〕の手で窒息《ちっそく》させてください。それでも私はあなたを愛することを約束します」

（ムアーズ・イブン・ジャバル〔六〇二頃—六三九頃〕の言葉）

「神がその心を信仰で燃え立たせた下僕を見たいなら、ハーリサを見よ」と預言者に言われた。

（ハーリサ〔?—六二四〕）

「なんとすばらしいものか、死と貧という二つの厭うべきものは。私はどちらになっても心を奪われまい」

（アブドゥッラー・イブン・マスウード〔?―六五二〕の言葉）

かれら教友がすべてスーフィーと呼ばれていたわけでも、その自覚があったわけでもないが、これらの句を書物に残したサッラージュ（?―九八八）は、かれらがスーフィー的な特質をもっていたと捉えていた。

サッラージュは、イラン北東部のトゥース出身の神秘家である。かれの著作で唯一現代に残っている『閃光の書』はイスラーム史上有数の神秘主義の綱要書であり、初期の神秘家たちの姿を伝える重要な資料になっている。

預言者のスーフィー性

サッラージュの説得力は、神秘家性がすでにムハンマドに現れていたことを、ハディース（預言者の言行の伝承）を挙げて示したことに発しているだろう。『閃光の書』では教友たちの挿話に先立って、預言者についての記述がある。そこでムハンマドは理想の人間として描かれる。

わたしはお前たちのなかでもっとも神をよく知り、恐れる者である。

わたしは王の預言者と下僕の預言者とを選ばされ、私は「ある日は満腹するも、ある日は飢える下僕の預言者になります」と言った。

現世がわたしに捧げられたが、わたしは拒んだ。かれには二枚のシャツもなく、食物も精選されることがなかった。そしてかれは現世を出、パンや麦を飽きるまで食べることは、自発的には決してしなかった。かれはスーフ（羊毛）を着、繕《つくろ》われた靴を履き、ロバに乗り、羊の乳を飲み、そして靴は自分で修繕し、着物はぼろぼろであった。ロバに乗ることや後ろに人を座らせることを軽蔑しなかった。かれはたえず悲しみ嘆き、常に不安でいた。かれの胸には薬缶《やかん》の煮えたぎるようなぶつぶつという音がしていた。かれは足が腫《は》れるほど礼拝をした。「使徒よ、あなたの罪は過去のものも未来の者も、神は赦したのではなかったのか」と尋ねられ、答えた。「わたしは感謝をする下僕ではないのか」と。*7

サッラージュが預言者の人となりを示すものとして引用したこれらの伝承からいえることは、神の審判への恐怖、神の下僕たることの自覚、現世の拒否、質素な生活、厳しい自己反省、礼拝における熱心さなど、かれの禁欲家としての生活態度である。端的に「スーフを着る」と言っているように、スーフィーの生き方の原型を、預言者に見出しているのである。

サッラージュ自身も神秘家であるから、預言者を神秘家に引きつけて解釈していると思われるかもしれない。しかし右の伝承をあらためて読んでみよう。ここから浮かび上がる預言者像は、神への信仰を深めていくと必然的にこうなるであろうという——敬虔な、神を恐れ、節制に努める——ひとりの信者像ではないだろうか。

スーフィーには「神秘家」のほかにもう一つ「禁欲家」という訳語も当てられるだろう。しかし両者は密接不可分の関係にある。神秘家は神への愛（マハッバ）の表明を特徴の一つとするが、禁欲家はどちらかというと神への畏怖が先行し、欲望を断ってこの世から逃れたがる傾向がある。サッラージュがここで預言者に見出したのは禁欲家としての面である。あえて両者を分けるとすればその指標は、神に対して「愛」という概念を適用するか否かにあると言えるだろう。

先取りして言えば、ひたすら神を畏怖するスーフィー（禁欲家）たちのなかから、八世紀後半に、神への愛を謳《うた》うスーフィー（神秘家）たちが現れてくるということになる。両者はある面では断絶するが、絶対的な神という観念の保持においてはまったく共通しているのである[*8]。その後の神秘家の歴史において、この両方の傾向はともに存続していく。かれらが残した文章には禁欲主義的な修行の記述とともに、神への愛についての記述が残されているのである。

さて、サッラージュは『閃光の書』の別の箇所で預言者とスーフィーの違いを詳細に検討しており、ムハンマドに対しては、かれがスーフィーであると明言することはなかった。シャリーア（イスラーム法）の遵守のみを第一に考えるウラマー（法学者）たちのなかにあって、預言者とスーフィーを同一視することはやはり危険なことであったのだろう。これに対してムハンマドの後継者たちは、より直接的にスーフィー視されることになる。

正統カリフのスーフィー性

指導者としてのムハンマドの地位はまず四人の「正統カリフ」に受け継がれた。かれらはみなサハーバであった。かれらにスーフィーとしての資質を見出すのがサッラージュの特徴である。

サッラージュによれば、アブー・バクル・ワースィティ（?—九三二）というスーフィーは「このウンマ（共同体）で最初のスーフィーの言葉はアブー・バクルに現れた」という言葉を残した。名前が紛らわしいが、ここで言われているアブー・バクル（五七三—六三四）は、ムハンマドの地位を最初に継承したカリフ（正確にはハリーファ、神の使徒の後継者）のことである。なぜハリーファがスーフィー的なのか。

その論拠にサッラージュはアブー・バクルの言葉を挙げる。すなわち、かれが全財産をなげうったとき[9]、「お前は家族に何を残すのか」と預言者ムハンマドに尋ねられて答えた、「神とその使徒（を残します）」という言葉であり、これが「スーフィーの言葉」であると捉えるのである。このようにアブー・バクルにおいて初めて、スーフィーであるという指摘が現れる。また、[10]

アブー・バクルはサウム（斎戒）や礼拝の数ではほかのサハーバたちに勝ることはなかったが、

彼のカルブ（心）のなかにあるものは勝っていた。

という言葉[*11]を引いて、内面の卓越性を述べるのである。

第二代ハリーファのウマル（・イブン・ハッターブ、五九二―六四四）については、預言者がウマルについて述べたハディースを引く。

もろもろのウンマ（共同体）のなかには〔神から〕話しかけられた者、語りかけられた者がいた。そしてこのウンマのひとりがウマルである。[*12]

この「話しかけられた者」は聖者の最高位の者であるとする。[*13]また、「ウマルが十二片のぼろからなるシャツを着て説教をするのを見た」という言葉を引き、かれの質素な生活ぶりを示す。このように、ウマルもまた神との秘密の語らいをなし、装いにこだわらぬスーフィー、聖者として表現されている。

クルアーンを正典として結集した第三代ハリーファのウスマーンは、信仰の堅固さで特徴づけられる。堅固さとは真の信仰を体現した者の最高の段階であるとする。そして彼の言葉として善行を四つにまとめ、次のように述べる。

第一は神への愛を示すこと、第二は神の定めに耐えること、第三は神の定める運命に満足すること、第四は神の目を恥じること。

ここでは、与えられた状況に満足するという禁欲的な態度と、また神への「愛（マハッバ）」という神秘家的な態度の両方をウスマーンという人間に見出している。

第四代ハリーファのアリー（六〇三―六六一）は、シーア派においては預言者ムハンマドからの特別の秘教的知恵を受け継いだ初代イマームであり、神的な権威をもつ者とされるが、サッラージュはジュナイド（?―九一〇）という高名なスーフィーの言葉を借りつつアリーについて述べる。

もしも彼〔アリー〕が戦闘に従事していなかったならば、我々に多くの意味をもつ知識を与えたであろう。かれは神秘的知識を与えられた者〔略〕である。

アリーをほかの教友たちと区別する特徴として挙げられるのは、神の唯一性、真知、信仰についての深い解釈や説明である。アリーについては、シーア派が理論づけているような神的人間という超人的性格は与えられていないが、神に由来する秘教的知識を授けられていると述べられるなど、ここで取り上げた四人のハリーファのなかで、神秘的知識をもつということがもっとも強調されている人物であると言えよう。

「現世を売り飛ばせ」――ハサン・バスリーの自省と禁欲

第三章の冒頭で、神の唯一性を強調したムウタズィラ学派神学について述べた。その源流の一つとして考えられるのがハサン・バスリーという人物の思想である。かれは禁欲主義的思想家として知られた。マディーナからバスラに移り住み、厳しい禁欲と倫理観が評判を呼び、思想的一派を形成した。その思想は神への畏怖を土台にしている。

神秘主義詩人と呼ばれるアッタール（一一四五頃―一二二一）の著書[*14]によると、伝えられるところでは、「誰も彼の唇が笑って綻《ほころ》んだのを見たことがなかった。大きな苦痛が彼にはあったのだった」[*15]という。「途轍《とてつ》もない恐怖が彼を支配し、座している時も、まるで、死刑執行人の目前にいるような様子であった」とも書かれる。恐怖とは神への恐怖であり、それから来る苦痛で、笑うことすらなかったといわれるのである。

そして、謹厳で知られながら、どこまでも自らの罪に敏感であった。

伝えられるところでは、ある日、ハサンは修道場の屋根の上で激しく泣いていた。涙が樋を伝ってある人物に滴った。

「この水は清いものであるか」

ハサンが言った。

「いいや。洗い流すがよい、神に背きし罪深き者の涙だから」

ある時、ハサンは犬を見て言った。

「神よ、この犬にかけて、私を受け入れたまえ」

「犬とあなたではどちらが上か」と訊かれると答えた。

「もし、神の責苦から私が逃れられるなら私は犬より上等だが、もしそうでないなら、神の栄光にかけて、犬の方が私のような者が百人いるよりましだ」

死が近づくと彼は笑った――誰も彼が笑うのを見たことはなかったのに。そして、「どんな罪ですか」と言うと絶命した。ある老師が彼を夢に見た。

「生きている間あなたは決して笑わなかった。死に瀕して笑うとはどういうことだったのかね」

「私は声を聞いたのだ、〝死の天使よ、彼〔ハサン〕に対して厳しくあたれ、いまだ一つの大罪が残ったままだ〟と。私はそれが嬉しくて、にこりとしてから、〝どんな罪ですか〟と訊いて死んだのだ」

これらはいずれも、無限の罪の自覚である。謹厳な禁欲生活を送っていることで有名な人物にして、これほど神を恐れる存在として描かれている。藤井守男氏の言うように[*16]、禁欲ということの思想的基盤を考えるうえで非常に重要な人物であり、また伝承であろう。

このような逸話が伝えられるハサン・バスリーは、同様の厳しさをもって現世を否定した。曰く、現世を来世のために売ってしまえ、そうすれば両方の世界において永遠が得られるが、現世のために来世を売ってしまえば、その両方において不幸に陥るだろう。この世がないかのように振る舞え、来世が常に存在するように振る舞え。この世をないものと思い、そうすることによってあの世を求める賢さをもて。この世から敵視されても神から友とみなされる方を選べ――。

イスラームは本来、現世で〝いい暮らし〟をすることを否定しない。財産が罪であるなどとは考えないのである。お金がたくさん得られたなら、それはその人が神に恵まれる素質があったからで、それを積極的に、お金に困っている人に回せばよい、となる。これが喜捨（ザカート、サダカ）の思想である。

喜捨は別としても、現世肯定の態度とは相いれないのがバスリーの教説であった。与えられた状況でひたすら自省し、節度を守る。こうした厳しい態度が社会に受け入れられる素地が、当時あったと考えざるを得ないだろう。一般にムスリムにとって宗教的に理想とされる正統カリフ時代を過ぎ、ウマイヤ朝（六六一―七五〇）の時代になって、その世俗的（宗教的価値を重んじないような）政策や、ムスリム間の平等を目指さない方針などが社会的な不満を鬱積《うっせき》させていたことは歴史的な事実である。現世に疑問や反感をもつ人びとが向かう先の一つに、それを否定する禁欲家たちの思想があったと考えることはできるだろう。*17

また、これは卑近な話になるが、私たちのなかにも、簡単に言えば享楽主義的な人と謹厳実直な人がいる。それはどの時代のどの社会においてもあてはまることだろう。突きつめて考えてしまう人だけがたどりつく境地というものが、あらゆる知的作業の延長線上には存在している。ムスリムとして謹厳であったり、イスラームの論理を突きつめて考えてしまったり、また自己批判的傾向の強い人びとのなかで高度な思考力や知性をもった人びとが、著名な禁欲家の境地にたどり着いたということもできるだろう。そしてそれが、そうでない人びとを大量にふくむ社会において一定の支持を集めたという事実を見過ごすことはできない。

いずれにせよ、畏怖する対象としての神、それへの無限の徹底的な従属という禁欲家の態度は、ハサン・バスリーにおいて典型的に現れたといえる。

三　神への愛から「汎神論」的神観へ

「あなただけで十分」——ラービアの「神への愛」

神には、罪を見透かし罰を与える恐ろしい存在という側面と、慈愛の深い魅力的な存在という側面の両方があるとは宗教学のいうところである。個性豊かな神秘家たちの思想史のなかで、前者の強調から後者の強調への転換が起きるのが八世紀の中盤であろう。

本節はその転換点としての神秘家、ラービア・アダウィーヤ（?―八〇一頃）から始めよう。ここまで登場したのは男性ばかりであったが、ラービアは女性である。彼女は禁欲家というより神秘家の呼称がふさわしい。彼女は神への「愛（マハッバ）」を公然と語った独創的な思想家であった。とはいえ彼女が禁欲の思想から断絶しているわけではない。アッタールの伝記には次のようにある。

ハサン〔・バスリー〕は週に一度、説教をしたが、説教壇に上り、ラービアの姿が見えないと、決まって壇上から降りてしまった。ある時、「これほどの偉人と有力者がこぞって列席しておられます。老女が一人いないからといってそれが何でしょうか」と訊かれてハサンは答えた。「象に合うようにと作った水薬を蟻の胸中に注ぐことは到底できまい」

説教の場が盛り上がり、聞く者の心に高揚の炎が点され、皆の目から涙が流れ出すと、ハサンは必ずラービアの方を向き、こう言ったものであった。

「この熱気は、あなたの心の熱い吐息のせいだ」*18

代表的な禁欲家ハサン・バスリーの説教の集会に、ラービアが恒常的に姿を現していたというのである。ラービアの思想とハサン・バスリーの説く禁欲主義との基礎的な連関を示す伝承であろう。

ハサン・バスリーはこのあとも、禁欲行の話題に限らずたびたび伝記に登場する。ラービアは、たしかに禁欲行を体験している。*19

ラービアが大きくなると両親が死んだ。バスラを大飢饉《ききん》が襲った。姉妹は離散し、ラービアは一人の冷酷な者の手に落ちた。その者は彼女を数ディルハムで売り払い、彼女を買い取った富豪は、彼女にひどくきつい仕事を命じた。ある日、彼女は道端で見知らぬ者を避けようとして倒れ手を折ってしまった。額を地につけ彼女は叫んだ。

「神よ、私はよるべなき者、母も父もなく、囚われの身で、しかも、今日、手を傷つけてしまいました。しかし、こうしたことがあっても私には少しの悲しみもございません。汝〔神〕が満足しておられるかどうかが気にかかるのみでございます」

彼女は事実上、奴隷の扱いを受けていたことになる。神に呼びかけ、神からの応答を得、家に戻ると断食をし、夜を徹して立ったままで祈りを捧げる行を続けた。彼女を酷使していた富豪はある朝、ラービアが跪いたままつぶやくのを聞く。

「神よ。私の心の欲求は汝の命じるがままに働き、私の目の輝きは汝の宮殿に奉仕するものでございます。もし、この私の手に、何かなすべきことが与えられていれば、一時とて休まず汝にお仕えすることになっていたはずでございます。なのに、汝は、私を被造物たる一人の人間の手に委ねられました。汝にお仕えするのに遠のくばかりでございます」

富豪は、ランプが一つ、ラービアの頭上に、鎖で繋がれることなく吊され、家じゅうを光で満たしているのを目の当りにした。

富豪はラービアを自由の身にする。ラービアは立ち去り、祈禱《きとう》に没入したという。彼女もハサン・バスリー同様、バスラで崇敬の対象になった。生涯独身を通したというが、それに関連して興味深い問答が残されている。

ハサン〔・バスリー〕がラービアに言った。

「結婚を望まないのですか」

彼女は答えた。

「婚姻の契約は、存在者にこそ適用されるのです。ここに、ほんとうに在る者が一体おりましょうや。この私は私自身のものではなく、かのお方のもの。彼の支配の陰の中にあるのです〔略〕」

ここでいう存在者とは、本章と次章で述べていく「絶対的存在の一者」を示唆していると見るのが妥当だろう。ラービアのなかでは、禁欲家と神秘家、そして神秘哲学者の思想がそれぞれ少しずつ重なり合っていると言えるかもしれない。

功利的な信仰の否定

さて、ラービアの言葉のなかでも注目すべきは、次のような「神への語りかけの言葉」であろう。

> 神よ、現世にあって私の分としたものを、御自分の敵に、来世にあって私のものとしたものを御自分を恋する者たちに与えたまえ。私にはあなただけで充分でございます。
>
> 我が主よ。もし、私が、地獄を怖れるゆえにあなたを崇めるなら、私を地獄で焼いて下さい。そして、天上の楽園を希求して崇拝するなら、私は不如法《ハラーム》*20の身として排除して下さい。もし、あなたのために、あなたを崇めるなら、久遠《くおん》の美をわたしに惜しまないで下さい。

後半は、地獄が怖い、地獄に行くのが嫌だ、そういう目に遭いたくないがゆえに神にすがるというのは、神自体への信仰ではない、つまり本当の信仰ではないということである。天国に行きたいからおすがりする、というのも同様である。神の美、素晴らしさをひたすら見ていたいという純粋な態度として私の信仰を見てくれるのならば、それを隠さないでほしい、という訴えであり、前半と合わせて、私が望むものは神様あなただけです、という態度である。功利的な信仰の否定であり、神に対する畏怖から神に対する愛への転換が起きていると言えるだろう。

「森羅万象に神の証」――ズンヌーンの「汎神論」的神観

山川草木すべてのものに神を見る――こうした態度は、日本で育った人びとにはほとんど抵抗もなく理解される心情であろう。日本の神道はまさに多神教の代表的なものと見られるが、その問題については前章で検討した通りである。仮に、日本の神道において、森羅万象の向こうにそれぞれ個別の神ではなく、漠然と広がるような――遍在する――唯一の神を想定したらどうなるか。それは見方によっては、ズンヌーン・ミスリー（七九六―八六一）が残した言葉にうかがえる神と近いものになってくる。

ズンヌーンというスーフィーは謎の多い人物である。エジプト生れの錬金術師であり、クルアーンに関わる当時の正統神学を認めなかったことで投獄された経験もある。彼は次のような言葉を残した。

我が神よ、私は、動物のなき声にも、木の葉のざわめきにも、水のさざ波（の音）にも、鳥のさえずりにも、木陰の快いそよ風にも、風の音にも、雷の雷鳴にも耳を傾けるが、その時はかならずそれらのものがあなたの唯一性wahdānīyaを証ししていると確知します。すなわち、あなたに類するものはなにもないと、またあなたは支配するものであり、支配されることはないと、あなたは全知であり、無知ではないと、あなたは考え深くおろかではないと、あなたは公正であり、不義をされないと、あなたは真実を語る方で、虚偽を言わないと、このようにそれらのものは示しているのだと。我が神よ、私はあなたの被造物が示すもので、おお神よ、あなたを承認します。またあなたのみ業があなたのものであることを確知します。*21

この文章はまさに、自然現象や動植物のすべて（の背後）に神性を見ることを表している。自然界のさまざまな現象のなかに神の唯一性や神の姿を感じ取ります、という語りかけである。右に述べたように遍在する唯一神を想定する世界観に、汎神論と呼ばれるものの系譜がある。スピノザ（一六三二—七七）のものがよく知られていよう。ズンヌーンの語りかけの根底には、明確な汎神論とは言わないまでも、自然界のありとあらゆるものに神を感じ取るという一元論的な、すべてが神の現れであるとみる感覚を見てとることができるように思う。

ズンヌーンの語りかけはもちろん相手として神を想定しており、ラービアが解放された挿話にも見えるように、神からの応答がありうる。ここには神と人間の対話が想定されている。それは二つの項のあいだのやり取りであり、神と人間とが対置され向き合っているのである。

このときラービアのようなスーフィーは、神を人格的に表象し、神と人とを、「愛する者」と「愛されるもの」との関係で把握するものである。そして神への愛を謳い、神との合一の至福を恍惚のなかで感じ、神との別離には心を痛める。ここでは神と人との関係がすべてであり、その周りの世界は直接的には視野に入らない。その意味で「排他的神秘主義」と名づけることができよう（否定的な意味の命名ではないことは次章で述べる）。ラービアは典型的にこの流れに属する。また先に引いた十字架のヨハネのように、キリスト教の神秘主義もこの傾向が強いと言えるだろう。

先に述べておけば、「排他的神秘主義」に対比されるものとして筆者は「包摂的神秘主義」を想定する。典型的にはイブン・アラビーの一元論的世界観「存在一性論」に代表されるが、これは次章で述べたい。

ズンヌーンに戻れば、かれの神観には汎神論的な性格がうかがえる。これは一元論的世界観へとつながりうるものである。九世紀に汎神論的世界観が見られ、十二世紀から十三世紀にかけて一元論的世界観が生れたという時代的な展開を、イスラーム神秘思想における連続的な流れとして理解することも可能であろう。

四　「私が神である」——バスターミーからハッラージュへ

「われに栄光あれ」——バスターミーと神の「一性」

ズンヌーンと同時代に、アブー・ヤズィード・バスターミー（?―八七四）という、スーフィーがいた。バスターミーという名は、彼がイラン北西部のバスタームという土地に生れ、主としてそこで生涯を過ごしたことに由来する。

かれの著作は残っていないが、いくつかの言葉が伝承や引用の形で残されている（そこではアブー・ヤズィードという名前がよく使われる）。そのなかにはズンヌーンとのやりとりも出てくる。弟子をバスターミーのもとに遣わしたズンヌーンは、バスターミーからの返事を得て「彼に祝福あれ。我が修道の境地はこの域に達していない」[*22]と涙したという。

次に挙げるのは本書ですでに参照したサッラージュ『閃光の書』に引かれているものである。

ある時、神はわたしを持ち上げ、神の前にわたしを立たせた。そしてわたしに言った。「アブー・ヤズィードよ、わたしの被造物はお前を見たがっている」と。

そこで私は答えた、「わたしをあなたの唯一性で飾ってください、そしてわたしにあなたの自己性を着せてください、そしてわたしをあなたの独一性まで持ち上げてください」[*23]

この短い文のなかには、唯一性waḥdānīya、自己性anānīya、独一性aḥadīyaという語がちりばめられているが、文脈も限られていてそれぞれの語がどのような意味をもたされているか、かならずしも明確ではない。アナーニーヤという語は「アナー」(「私」を意味する人称代名詞)から派生して抽象化された意味をもつ語と考えられ、その意味は〝私であること性〟となり、神について語られているので、神の固有の特性、本性を示す語であろう。

それに対し、ワフダーニーヤはワフダ、すなわち「一」、から派生した語で、やはり抽象度を高めた形で「一であること」、「一性」という意味をもつ。アハディーヤという語も、アハドすなわち「ひとつ」から派生した語であるが、この「一」はひとつもない、という文脈での一であり、先のワフダはワーヒドと同語根であることを考えると、いくつもあるもののうちの「ひとつ」を含意している。

ワフダーニーヤ、アハディーヤ、このふたつの語は「一」という基本的意味をもつが、語られる順序を考慮すると、同じ「一」のなかに異なる次元の「一」が考えられていると見ることができるかもしれない。後世のイブン・アラビー学派では、対立するものもないすべてを包含する「全なる一」(絶対的一性)と多と対立している限りでの「一」(統合的一性)を区別し、前者を絶対的一、後者を相対的一としてとらえ、それぞれにアハディーヤ、ワーヒディーヤという語をあてるようになる。この場合は、より根源的な一はアハディーヤが示すことになる。

しかし、このバスターミーの用語では、おなじ語根から成るとはいえ、ワーヒディーヤでなく、ワフダーニーヤという語が使われている。バスターミーの理解にイブン・アラビーの枠組みを使うことは問題があるが、語られている語順を考慮すると、ワフダーニーヤという低次の一性とアハディーヤという高次の一性を考えていると想定することはできるかもしれない。

神の被造物はもちろん、天地山川、動物、植物などすべてを含むが、多くの場合、被造物の代表である人間を意味する。彼らがバスターミーの真の姿を見たいと神に願い、神がそれを受け入れ、バスターミーに伝える。それに対し、バスターミーは神に、神自身の一性、そして神の固有の特性で私を包み込んでくれることを願い、さらに高い次元に持ち上げてくれることを願う。

「そうすれば、あなたの被造物がわたしを見たときに、かれらは言うだろう、『わたしたちはあなたを見ました』と。というのは、あなたがそれなのであり、私はそこにはいないであろうから」と。[*24]

このような状況で人々が私（バスターミー）を見ようとすると、人々は、私たちはあなたを見た、というであろう。というのはあなた（神）がそれ（バスターミーの場に現れた神）なのであり、私（バスターミー）はもうその場にはいないのだから。肝心なのはこの「あなた」が何を指すのかである。

このときバスターミーはすでに神の「独一性」の世界にまで高められているはずである。引用全体から解釈すれば、そこまで高められたバスターミーからは、もはや人間としての特性、被造物としての性質は消え失せ、神と区別のつかないような存在になっている。だから、この「あなた」は神を指していることになる。つまり、この話の要点は次のようにまとめられる——被造物であるアブー・ヤズィードがもし神の独一性の次元にまで高められれば、人間たちがバスターミーを見たときに見えるのは神であり、すでに被造物であるバスターミーは消え去っているから、人間たちは「私たちは神を見ました」[*25]と言う——と。

また、かれの言葉として非常に有名なのは、「われに栄光あれ subḥānī、わが境地より偉大なものはなし」というものである。これは一見、非常に不遜《ふそん》な物言いであるようだが、右で見た、神の独一性の位置にまで高められればという仮定をこの言葉にも適用すれば、「われ」とはおそらくそこまで高められ（ると同時に消失し）た「われ」であり、同時にそこに見える神のことなのだと考えることができる。

もともと「神に栄光あれ subḥāna ’llāh」という言葉がすでにあり、それをもじっての言葉であったことは明らかだが、この「神」と「われ」の入れ替えによって彼が言いたかったことは、神と自分の区別がつけられない領域がある、ということだったと考えられる。しかし、自分が修行によって誰も到達しえないような高い境地に達した、と誇っているのではないことは確かである。

神の「絶対性」の意味

注意を要するのは、アブー・ヤズィード・バスターミーという神秘家が修行を重ねたりして「神の一性」を突きつめ、神の立場にまで〝昇って〟いって最後に〝神と一つになる〟、というふうに考えると誤解してしまうということである。おそらく一般に思い浮かべられるのは、一方に神という一つの存在があり、もう一方にバスターミーという一つの存在があって、その二つの存在が何らかの形で〝合体する〟というような構図であろう。こうした見方はどこかで、キリスト教のミスティシズム（神秘主義）における、イエス・キリストとの一体化の試みの理解から影響を受けていると言える。

そうではないのである。微妙な言い回しになってくるが、神の絶対性――「対するもの」を「絶し」ていること――というのは、ありとあらゆるものを含むような、無限の広がりを伴うものである。であれば、絶対者と別にバスターミーという人間が存在してしまったら、それは神の無限性を否定することになってしまう。対立するものもなくあまねく存在するという意味で遍在性ともいえよう。本当に神の無限性というものが実現するのであれば、そこにはもうバスターミーという個別的な存在はありえないのである。かれ自身は、神に近づこうと努めて近づいたように思ったが、気づいたらもう自分は消え、神しかなかった、というような実感をもっていたのであろう。

神との一体化は、歴史上神秘主義と呼ばれるあらゆる思潮に共通して目指されるものだが、イスラーム神秘主義においては、「神と一つになる」という言いかたは避けようとする。イスラームの一般的理解では、神と被造物を同じに見ることは神の唯一性に対する最大の罪であると考えるからである。

「神こそは、マルヤムの子マスィーフである。」と言う者に、確たに不信心者である。しかもマスィーフは言ったのである。「イスラエルの子孫よ、わたしの主であり、あなたがたの主であられる神に仕えなさい。」凡そ神に何ものかを配する者には、神は楽園（に入ること）を禁じられ、かれの住まいは業火である。不義を行う者には援助者はないのである。

（五章「食卓」第七十二節）

しかし、神秘主義、あるいは後続するイルファーン（イスラーム神秘思想・神秘哲学）において「神との一体化」は重要な主題であり、手放すことはできない。次章でさらに踏み込んで考えたい。

「私は神である」――ハッラージュの〝名言〟と迫害

イスラーム神秘主義において、ある意味でもっとも有名なスーフィーがハッラージュ（八五八頃―九二二）である。かれはバスターミーの境地をはるかに直截的な表現にした。

すなわちそれは、「私は神である（Anā'l-Ḥaqq）」という言葉である（Ḥaqqは「真実在」の意であるが、神を指す場合が多い）。自らが神に成り代わったかのようなその言葉をもって、かれはウラマー（法学者）たちの断罪を受け、捕えられて処刑されることになる。アッタール『イスラーム神秘主義聖者列伝』には、その処刑のむごさが伝えられている。[*26] 最期の瞬間までかれは笑みを浮かべ、神への祈りをやめなかったという。またかれは生前「たえず禁欲と礼拝にあり、神秘の霊知と神の唯一なることを語り続けた」、また「イスラーム聖法とムハンマドの慣行《スンナ》の徒としての公教的外貌を備えていた」[*27]という。

そのような敬虔な人物がなぜ「私は神である」などと、誰が聞いても不遜で畏れ多いことを言い放ったのか。

もしあなた方がその方を知らないならば、少なくともその方の徴《しるし》を知りなさい。私はその方の徴であり、私は真実在〔なる神〕である。なぜなら真実在を通じて私は永遠に真実であるからである。[*28]

ここにはまさに、すべてが神の顕れであるという一元論的な神概念が謳われている。かれが言いたかったのは、自らが神と一つであるということであった。「私は神である」というときの「私」は、かれにとっては、すでに自分個人としての私のことを指してはいなかったのである。

かれを弾劾する人びとは当然、被造物であるハッラージュという人間が自らを神であると僭称《せんしょう》したといって咎《とが》める。しかしスーフィーのなかには、ハッラージュがそう言った段階ですでにハッラージュ個人の被造物性は〝落ちて〟いるのだという見解があった。

つまりこのとき「私」と言っているのは、神に創られたハッラージュ――被造物である人間――ではすでになく、神自身なのだと解するのである。神が、私は神だとハッラージュの口を通して言っているのだからこの言葉は不遜でも何でもない自然なものだという解釈である。預言者ムハンマドが神の言葉を話していると考えるのと同様の理解である。おそらくはそれがハッラージュ自身の見解でもあっただろう。

「民衆煽動」への危惧

しかし、ひかえめに言ってもかれは不用意であった。信仰に殉じることを目指していたのならばともかく、そうでないとすれば、〝ハッラージュが誤解されやすい言葉を、わざわざ誤解しやすい人の前で披露したことが間違いである〟と彼の理解者は批判した。真実の言葉というものは誰にでも理解されるものではない、無理解な人の前でそうしたことを口にするべきではないということである。

このように、ハッラージュや先述のバスターミーは、自らが得た直観を大胆に、社会規範からの逸脱を恐れず耳目を集めるような言いかたで表現していたため、「酔った（陶酔した）スーフィー」と呼ばれた。これに対して「醒《さ》めた（素面の）スーフィー」と呼ばれたのが、ハッラージュの師であり、イスラーム法に則ってタサウウフの理論構築を行ったジュナイドであった。ジュナイドは本章二節で、サッラージュがアリーを評するときにその言葉を引用した神秘家である。

さて、ハッラージュの言動により騒擾《そうじょう》が引き起こされることを危惧したアッバース朝のハリーファ（カリフ）は、民衆の煽動者《せんどう》であるとしてかれを捕え、処刑して遺体を焼き、灰をチグリス川に投げ入れさせたという。火葬はイスラームの忌むところである。*29 それほど支配者（とウラマー）がかれを恐れたのである。

その危惧には理由があった。同時代の著名なスーフィーたちが高い評価を与えていたことをはじめ、現代でいうイラン南西部のアフワーズなどでかれは大勢の人びとに身分の別なく受け入れられていた。マッカへの巡礼には数多くの人が随行し、あるときは砂漠のなかに四千人の人とともにいたという。*30 いかに多くの支持者がいたかを示唆する挿話であろう。このように、神秘家としてもっとも極端で過激な言葉を残したスーフィーにして当時すでに受け入れる人びとが多数いたということを、私たちは心に留めておく必要がある。

五　神秘主義の「合法化」とは何か

サッラージュの見方

本章二節で、イスラーム神秘主義の理論家であるサッラージュがサハーバ（教友）たちをどのように描き出しているかを瞥見《べっけん》した。そこに現れるサハーバの姿は、禁欲家・神秘家の姿そのものであった。サハーバは、スンナ（預言者の言行に現れたムスリムの行動規範）を後世に伝えているという点でスンニー派において重要な役割を果たしているが、とくにそのなかでもっとも尊敬される地位にあるハリーファ（とくに正統カリフ）たちにサッラージュが見出すのは、禁欲的な生活ぶりとともに、神との密かな対話などの、神との直接的な結びつきであった。

サッラージュの『閃光の書』は、それまで三百年ほどにわたって展開してきたタサウウフの教説を整理したものであり、そうした仕事は後世のクシャイリー（九八六―一〇七二）、アブー・ハーミド・ガザーリー（一〇五八―一一一一）らへと受け継がれていく。かれらの議論がタサウウフをシャリーア（イスラーム法）に反するものではないことを示し、それが受け入れられていった。*31

ガザーリーの「転向」？

「イスラーム信仰の基礎として神秘主義を容認した[*32]」。これは、ある高校の世界史教科書にある、アブー・ハーミド・ガザーリーの記述である。本書ではここまでタサウウフの系譜を、神をどうとらえるかという視点から追ってきたが、イスラームにおいてもっとも広範に人びとの行動に影響を与えるのは、フィクフ（法学）である。タサウウフの世界観に関心をもつ人ももたない人も、日々の暮らしにおいて礼拝や禁酒はシャリーアに従って実践することであった。

サッラージュは、スーフィーはムスリムのエリートであると考えていた。エリートとは誤解を招きかねない呼びかただが、信仰においてそれを突きつめ、きわめようとする傾向がある人びとが神秘家となり、タサウウフを継承してきたことは確かである。

サッラージュは神秘主義の理論家として誰もが認めるところであるが、シャリーアの遵守を重視した。そうでなければスーフィー、すなわちかれにとってはムスリムの理想を体現した存在とはいえなくなってしまうからである。かれの『閃光の書』は、イスラームのなかにタサウウフを確立するという意思のもとに書かれたものである。その過程においてシャリーアの重視は不可欠であった。

アブー・ハーミド・ガザーリーの場合はどうだろうか。彼はある意味でイスラーム史上もっとも高名な法学者である。そのかれが「信仰の基礎として神秘主義を容認した」とは、具体的にどのようなことを表しているのだろうか。

容認したというと、権威ある法学者が、異端視されていたスーフィーに対して公的に、活動の許可を与えるというような場面を想像しがちであるが、事情はガザーリーの生涯に照らせば違っている。なぜならば、かれはスーフィーでもあったからである。

現代イランでいうホラーサーン地方トゥース近くで生れたかれは、若いときに父を失ったため、弟アフマド（?—一一二六）とともに、あるスーフィーの後見を受けた。その後若くして、ニーシャープールで高名な師について法学と神学を修め、当時のセルジューク朝宰相ニザーム・ル・ムルクにその才を見込まれて三十代前半でニザーミーヤ学院の教授となる。権威と栄達を極めるかに見えたかれはしかし、どこかで疑問を抱いていたようで、数年でこの職を辞し、[*33] スーフィーとして巡礼に出た。その後はスーフィーとして生き、故郷に戻って没したという。このためにかれは、法学者・神学者・哲学者・スーフィーという面を併せもっているのである。

晩年のガザーリーによる法学の位置づけ

ガザーリーがその人生で残した著作は厖大で多岐にわたるが、晩年の主著『宗教諸学の再生』冒頭で知識の分類を行う際、法学の地位にはなはだ低い評価を与えているのが印象的である。かれによれば法学は本来、イスラームの救済に不可欠な、無限定で包括的な宗教的知であったが、今や支配者の統治の法についての学知になり下がってしまっている。宗教に無縁になったとは言わないが、もはや宗教にそれ自体で関与するのではなく、現世を通してしか関わりをもたなくなってしまった。こうした論法で、法学は〝現世の福利〟に関わるものと分類されるのである。解釈を含めて次のように整理できよう。*34

（Ⅰ）聖法的知識

一　根本的知　神の書、使徒のスンナ（範例）、共同体の合意、教友《サハーバ》の伝承

二　枝末的知　現世の福利　法学

　　　　　　　来世の福利　心の諸状態、善悪の性質についての知

三　前提的知　語彙、文法

四　補完的知　クルアーン諸学　語句、意味、判断（法学基礎論）

　　　　　　　伝承諸学　伝承者についての知識、ハディースの区分

（Ⅱ）非聖法的知識

一　称賛されるもの　医学、代数学

二　非難されるもの　魔術、護符、星占い

三　無記的なもの　詩、歴史

このようにガザーリーは知識を大きく聖法的と非聖法的の二つに分け、前者はすべて称賛されるものであるとする。非聖法的知識は、おおむね外来の学問ということができるだろうが、ガザーリーはこの分類を〝イスラームという宗教にとってどれだけ意味のある存在になっているか〟という視

点から行っている。

前述のように、聖法的知識はいちおうすべて称賛すべきものであるが、非難されるべき要素が法学には混入している。法学的知識は実際上変質してしまっており、来世の福利、救済と無縁の方向に行ってしまった。例えば、サラート（礼拝）について法学は、金勘定に夢中になっている状態で形だけの礼拝を行ったとしてもその外面的な形が決められた通りであれば、法学はそれを正しいと判断する。法学はそこまでしか進めず、そのような体の動きや口先の表現を超えた向こうにあるはずの、心の問題まで支配することはできない。その意味で、法学は現世には関われても、肝心の来世の問題に手が届かないと論断する。

学知の分類に占める神秘的知識の地位

来世の福利に関わる知識は、心の諸状態や良い性格や悪い性格についての知識である。別の箇所では、こうした知識は「(心の) 振る舞いの知識」と呼ばれ、「開示の知識」とともに、この世の知識である法学に対して、来世の道についての知識に数えられるのである。[*35]「(心の) 振る舞いの知識」とは、忍耐、感謝、恐れ、希望などの賞賛される心の状態や、貧しさへの恐れ、奢《おご》り、妬《ねた》み、現世への執着などの心のなかの非難すべき状態などについての知識を指すという。

そして「開示の知識」とは、「隠されたものの知識」、もろもろの知識の窮極であり、清められた心に現れる光であり、神についての真の智慧、預言、啓示の意味、来世の諸状態についての知識、神を見るということの意味、などである。[*36] こうした知識がいわゆるスーフィー道において得られる〝神秘的〟知識を指していると考えることができるだろう。

ガザーリーは、彼自身の信仰の理解に忠実に、個人の救済に関わる緊急度に基づいて、諸学問を整理した。法学を格下げし、哲学を非難し、現世志向と来世志向を峻別し、来世の価値を絶対的に重要視した。これはイスラームの救済論を軸にして規範的に、一つの価値観に基づいてさまざまな知識形態を統合する試みであると特徴づけられよう。

イスラームの諸学問の歴史的流れは、当初さまざまな学問が好き勝手に自己主張をしながら全体が緩やかに共存していたのが、イスラーム信仰という一つの理解に基づく価値観を通して、個々の知識形態に位置や序列が与えられ、緊密に統合された全体を形成するようになる、とまとめることができるだろう。ガザーリーの時代あたりにこのような方向性がはっきりしてきたと考えられる。

「合法化」とは何を指すか

筆者は、イスラーム神秘主義におけるガザーリーの功績を、神秘主義の「合法化」にあると考える。合法化の「法」とはもちろんシャリーアのことであり、端的にいえばガザーリーは「シャリーアから見てもタサウウフは問題ない（異端ではない）。むしろ信仰を充実させるものである」と主張して、それが後世に広く受け入れられたということである。いわばタサウウフの護教論である。

正統派の法学と神学を十分に修める一方、神秘家の道にも入った経歴をもつガザーリーがそのような主張をしたことは、ある意味で納得され、また説得力をもつことであろう。かれの達成がなければ、イスラーム史における神秘主義の重要性は減じていたであろう。かれはたしかに総合的で広範な知識をもつ大学者であった。

ただし、神秘主義の内容を質的に発展させるうえでかれが多大な貢献をしたかというと、そのように言うことは難しいのが実情である。護教論は見方によっては一方的な主張であり、都合の悪いところ——たとえば〝酔った〟スーフィーがしたような逸脱的な言行——については触れずに、常識的に理解できるような形に整頓してしまうことによって、正当化・合法化の議論を進めた面もあったからである。

神秘主義をイスラームの正統な考え方に位置づけたというような言い方もなされる。具体的には大著『宗教諸学の再生』において、クルアーンの解釈や、日常生活の行動規範などの法学のなかに、たとえば神秘主義でいう神の「愛」がどのように組み込まれていくかが説明される。また、ひとりのムスリムとして生きていく場合に、外面的には法を守ると同時に、内面としては神に対する絶対的な信頼というものを守っていかなければならないのだと言う。

法学だけの枠内で考えていると、外形的に禁止された行為だけ避けていればいいのだという考えのもとに、いわば〝魂の抜けた〟宗教実践が押し進められてしまう危険性がある。ある意味ではそれでも法学は成り立ってしまうのであるが、真摯な信仰という観点からみればそれでは問題が残るだろう。

そこで、神に対する崇拝なり信頼なりという意識を伴うかたちで、法学的な実践は守られなければならないという主張になる。神秘家たちの生きかた・考えかたを、一般のムスリムの生活における心理的な面、宗教心を高めるうえで必要なものとして描き出したのがガザーリーの功績なのである。そのようなかたちで、〝神秘主義をイスラームの全体のなかに位置づけた〟のである。

こう見てくると「イスラーム信仰の基礎として神秘主義を容認した」という教科書の記述の内実が把握されてくるのではないだろうか。

サッラージュやガザーリーは自身がスーフィーであった。タサウウフがつむぎ出してきた知的な営為を信奉し、あるいは共感を覚えたが、一方で正統派を称する法学者・神学者たちには、それらが〝イスラームに反する〟という非難の対象にもなった。それに対する反撃として、教説の整理を含むかれらの活動が行われたのである。ほかにも幾人かの理論家はいたが、そうした試みがガザーリーの時代になってようやく完成したと見ることができるだろう。

今から振り返れば単に歴史的な変遷にすぎないだろう。しかしもう少し驚きをもって見つめてもいいかもしれないのは、異端扱いされていたものが時間をかけた議論によってイスラーム的妥当性を獲得し、多数派に受け入れられたという事実である。

それがまさにイスラームである、と筆者は考えている。

註

＊1　このあたりの概念の整理については東長靖『イスラームとスーフィズム――神秘主義・聖者信仰・道徳』（名古屋大学出版会、二〇一三年）の第二章に詳しい。同書は神秘主義とスーフィズムを同義と考えることに問題があることを明確に示しているが、本書で扱う狭い範囲では、あまり大きな違いも出ないので、スーフィー、スーフィズム（タサウウフ）の語を使っている場合は、スーフィーの神秘家的局面をのみ指すものとする。

＊2　上智大学中世思想研究所編訳監修『中世思想原典集成2　盛期ギリシア教父』平凡社、一九九二年、一三四頁。

＊3　鶴岡賀雄『十字架のヨハネ研究』創文社、二〇〇〇年、三二四―三二五頁。言葉の微細なニュアンスを含めて深い読みを施しており、ここで引用した詩句の理解のみならず、ヨハネの思索の全体の把握のためには本書が必読であろう。

＊4　ゴータマ・シッダールタも、ブッダとなる前、断食を修行として経験していたことはよく知られている。人間の根本的な欲求を制限することが、真理に到達するための方法と考えられていたことには普遍性がある。

＊5　サッラージュ『閃光の書』一三四頁。Abū Naṣr al-Sarrāj, *Kitāb al-Luma' fī al-taṣawwuf*, ed. by R. A. Nicholson, London, 1914による。

＊6　以下の引用は前掲書一三四―一三八頁。

＊7　前掲書九六―一〇一頁より抜粋。

＊8　もちろん、スーフィー的な言行に批判的な態度をとるウラマーたちも、また、そうしたものに関心を示さない一般のムスリムも、神を敬い畏れるという点ではまったく共通している。「イスラームは一つ」と言われるのはこうした事情を反映しているのである。

＊9　前述したキュニコス派の生活を髣髴（ほうふつ）とさせる行為である。サッラージュは正統カリフに、神への専心に基づく質素や禁欲への志向を見出したといえる。

＊10　前掲書一二一―一二二頁。

＊11　バクル・イブン・アブドゥッラー・ムザニー（?―七二六、七頃）の言葉として引かれている。前掲書一二三―一二四頁。

＊12　このハディースは、ブハーリー編／牧野信也訳『ハディース――イスラーム伝承集成』中巻、中央公論社、一九九四年、二二〇頁にも出ている。

＊13　以下、サッラージュからの引用は前掲『閃光の書』一二五―一二九頁。

＊14　ファリード・ウッディーン・ムハンマド・アッタール著／藤井守男訳『イスラーム神秘主義聖者列伝』国書刊行会、一九九八年。本書はスーフィーたちの挿話についてこの本に負うところが大きい。

＊15　以下、ハサン・バスリーの引用については前掲書三三―四六頁。

＊16　前掲書二四頁。

＊17　ウマイヤ朝への反感は、実際にその創始者ムアーウィヤと戦ったアリーとそれを引きついだアリー党（のちのシーア派）に

おいて強かった。アッバース家はアリー党との連携を重視し力を借りてウマイヤ朝を倒した。こうした勢力だけがウマイヤ朝に反感をもっていたわけではないだろう。一般のムスリムのあいだにも似た感情が共有されていた可能性は否定できない。

＊18 前掲書二九—三〇頁。

＊19 以下、ラービアの引用については前掲書五四—八二頁。

＊20 シャリーアにおける概念で、ハラーム ḥarām はムスリムにとってやってはならない禁止行為のことである。クルアーンに規定されている、飲酒や豚肉食、殺人や窃盗、偶像崇拝など、罰を伴うものである。

＊21 Abū Nu'aym al-Iṣbahānī, *Ḥilyat al-awliyā' wa-ṭabaqāt al-aṣfiyā'*, Bayrūt, 1967, vol.9, p.342.

＊22 前掲『イスラーム神秘主義聖者列伝』一五六頁。

＊23 前掲『閃光の書』三八二頁。

＊24 前掲書三八二頁。

＊25 第三章一節で「神を見ることはできない」と主張したムウタズィラ学派神学について触れたが、ここに「神を見る」という表現があったからといって、特定の空間を占める神を見るという意味とは限らない。時空間を占めない神を「見て」いると言うことは不可能ではない。

＊26 前掲『イスラーム神秘主義聖者列伝』三五六—三六〇頁。まず両手を、次に両足を切り落とされ、眼をくり抜かれ……と続く。

＊27 前掲書三四五頁。

＊28 al-Ḥallāj, *Kitāb al-Ṭawāsīn*, ed. by L. Massignon, Paris, 1913, p.51.

＊29 クルアーンには次のようにある。「われは、大地を大きな容器としなかったか、生存者と死者（双方のために）」（第七十七章「送られるもの」二十五節から二十六節）、「やがてかれを死なせて墓場に埋め」（第八十章「眉をひそめて」二十一節）。

＊30 前掲『イスラーム神秘主義聖者列伝』三四九頁。さすがに誇張がありうるが、このように伝えられていることは事実である。

＊31 加えて、サッラージュの特徴は、スーフィーはムスリムのエリートであり、シャリーア遵法を含めたムスリムの理想的な姿を体現した存在であると考える点にある。こうした立場から『閃光の書』では、イスラームのなかにタサウウフを確立する意図のあることを表明している。

＊32 『詳説世界史　世界史B』山川出版社、二〇一五年、一一八頁。

＊33 当時ニザーミーヤ学院（大学にあたる機関と考えられる）の教授の地位にあったが、そこを離れ、家族からも離れたという。アンリ・コルバン『イスラーム哲学史』黒田壽郎・柏木英彦訳、岩波書店、一九七四年、二一五頁。やや図式的に整理した傾向があるが、彼の自伝的な思想遍歴が以下で吐露されている。Abū Ḥāmid Muḥammad al-Ghazālī, *al-Munqidh min al-Ḍalāl*, ed. by Jamīl Ṣalībā & Kāmil 'Iyd, Bayrūt, 1981. 日本語訳は、ガザーリー著／中村廣治郎訳『誤りから救うもの』ちくま学芸文庫、二〇〇三年。

＊34 Abū Ḥāmid al-Ghazālī, *Iḥyā' 'ulūm al-dīn*, vol.1, pp.13–41.

＊35 前掲書一九頁。

＊36 前掲書一九―二〇頁。

第五章

「唯一絶対の神」から「遍在する神」へ

一　なぜ「すべてが一つ」なのか——キリスト教の神概念との比較

イルファーンの形成

前章では禁欲家・神秘家の体験を通じた、神の直観的把握の諸相を見てきた。こうした流れが一方にあり、他方にはファルサファ（イスラーム哲学）の流れがあった。神秘家たちの智恵が哲学を消化吸収して神秘哲学を形成したということは、図式的ではあるが「はじめに」で整理した通りである。

イルファーン ʻirfān の原義は「知識」「認識」などであるが、とくに神、そして超感覚的な直観によって得られた〝存在〟についての知識のことを指す。そして思想史では、右に述べたような〝神秘思想〟あるいは〝神秘哲学〟そのものを指す語であり、現代でも同様の意味内容で使われている語である。

神秘哲学としてのイルファーンの巨頭と目されるのは、十二世紀から十三世紀に活躍したスフラワルディー（一一五四―九一）とイブン・アラビー（一一六五―一二四〇）という二人の思想家である。そしてこの二者の影響のもとに、十六世紀から十七世紀にかけてモッラー・サドラー（一五七一頃―一六四〇）という思想家が生れる。本章で具体的に扱うのはこれらの三人になる。

イスラームにおけるギリシア哲学

「はじめに」では、イブン・アラビーとイブン・ルシュド（一一二六―九八）の象徴的な対立の場面を扱った。ここでイブン・ルシュドは哲学者という位置づけであったが、イブン・アラビーの思想の源流としては、時代的には少し前の、同じくアリストテレス哲学の研究者であったイブン・スィーナー（九八〇―一〇三七）の方がより大きな意味をもっている。このことはスフラワルディーも同様である。

イブン・スィーナーは本書のなかでも一般にはもっとも知名度の高い人物であろう。西欧ではアヴィセンナの名前で呼ばれ、哲学や医学（ルネサンス期のヨーロッパの大学で教科書として用いられた『医学典範』はかれの著書である）をはじめ幅広い分野で大きな影響を与えた。ムスリムのあいだでは九世紀から十世紀にかけてアリストテレスの著作がアラビア語に翻訳され、また注釈書がつくられた。しかし、アリストテレスの哲学はアラビア語に翻訳される以前、すでにギリシア語世界のなかで後期のギリシア哲学の特徴である新プラトン主義の立場で解釈されていた。そのためイスラーム文化圏に伝わったアリストテレスの哲学は当初から新プラトン主義的注釈にそって理解されていたのである。アリストテレスを基礎にして哲学を形成したイブン・スィーナーも同様であり、したがってかれの影響下にあるイスラーム哲学者の思想もまた新プラトン主義的な世界観の影響を強く受けている。

新プラトン主義とは、プラトン（前四二八頃—前三四八頃）の世界観を源流とし、プロティノス（二〇五—二七〇）を始祖として三世紀から六世紀にかけて主に（東）ローマ帝国内で展開した思想である。本章の文脈から言えば、すべてのものは「一者 to hen」という最高位の原理から「流出」して姿を現すようになったと考える「流出論」がもっとも重要である。流出論的な世界観はスフラワルディーとイブン・アラビーの両方に強い刺激を与えた。*1

キリスト教的な「愛」の神秘主義

前章で筆者は、イブン・アラビーによる「存在一性論」を便宜的に「包摂的神秘主義」の代表的なものと分類し、〝排他的〟神秘主義[*2]の対比概念とした。このようにイブン・アラビーの思想に「神秘主義」の語を適用する点について、本書における用語の若干の重複を恐れずに言えば、イブン・アラビーは神秘家であるとともに、それを超えたスケールの大きな神秘主義的思想家であると言っていいだろう。「神秘」には一般に人知の及ばない事柄という含意があり、かれの思想はまさに、日常的な精神状態にある人間には到達できない領域の直観的知識について詩的な言語で論じることが、その中心になっているからである。本章ではイブン・アラビーの思想については「神秘思想」の語をあてておきたい。

かれの壮大ともいえる世界観の魅力的な要点はこのあと三節で述べるとして、イスラームの神秘的世界観の的確な理解が可能になるように、こうした分類を考案した背景についてキリスト教と比較しながら述べてみたい。

前章三節以降で、〝排他的〟神秘主義の特徴としてラービアが謳う「神への愛」を検討した。神と人とを「愛する者／愛される者」の関係で把握しつつ神との合一に至福を覚える、神と人との〝閉じた〟関係以外は目に入らないような思考の系譜である。「愛」の神秘主義、〝閉じた〟神秘主義とも表現できる。筆者はこの系譜はイスラームの神秘主義の流れでは周辺的な少数の考え方のように思う。

こうした神と信仰者の関係のあり方は一般的にもとらえやすい。また、キリスト教の伝統に強く表れていると言うこともでき、とくにキリスト教神秘主義にはこの傾向が広範に見られる。キリスト教では三位一体の教義に示されるように、イエスを、神の子であり、地上に現れた神の姿であり、「神＝人間」であると捉える。

神秘主義という用語について本書では留保をつけながら使用してきた。研究者たちはそれぞれに独自の見地から各々の定義を行っているため、こう考えればすべてに通用するというような定義が存在するわけではないが、それを承知でイスラームやキリスト教におけるものを含む包括的な定義を試みるとすれば、次のようになるだろう。

神、仏などの絶対者、真の実在、最高の存在と捉えられるものとなんらかの形で一体となることを目指し、その一体性の経験や洞察をもっとも価値のあるものと考え、それを基礎にして生まれた生き方や組み立てられた思想。

キリスト教神秘主義において、愛を通しての神との一体化は、超越的な父なる神そのものよりも、地上に降りたイエスという「神的」人間を愛の対象に想定することで、より容易に実現されることになる。キリスト教神秘主義の大多数の教説は、この愛の神秘主義、〝閉じた〟神秘主義に属している。その理由は、地上の存在であるイエスのなかに神性を見るキリスト教の根本的な直観のあり方と、人格的な交わりに基づいた愛の神秘主義とが親和的だからであると思われる。実際に、カトリック研究を基礎にするイスラーム思想の研究者が、排他的神秘主義を謳う禁欲家・神秘家たちに対して概して好意的であるという傾向は、かつての西欧で観察されたものである。

預言者ムハンマドは神の言葉を伝えるだけの者であり、あくまでひとりの人間であって神性を分け持つようなことはない。神の地上での顕現（現れ、顕れ）ということができるのは、神の言葉そのものであるといわれている聖典クルアーンのほかにはないであろう。預言者ムハンマドを敬愛することは当然のことであるが、彼はあくまでも人間としてもっともすぐれた人物である、ということであり、彼への愛がそのまま神を愛することにはつながらない。また、神の言葉という非人格的なものを愛の対象とするというのも、愛というきわめて人格的なものにとっては困難であろう。

イスラームは地上に神が人間的なかたちで現れたという教説をもたない。神を上段に、人間その他の被造物を下段に置いたとして、両者をつなぎうる中間に位置するものとしてイエスやクルアーンを考えれば理解しやすいかもしれない。この構図において人は、クルアーンを通して神性を見ることは可能であっても、イエスに対するようにしてクルアーンに一体性を求めるという態度をとることは難しいであろう。

そこで、被造物としての私を創り、その行いを見てくれているはずの、ある意味では人格的な神、そこへ向かって直接的に愛を謳う人びとが、イスラームにおける排他的神秘主義の流れをなした。このような流れの人びとはクルアーンの〝神は、民を愛でられ、かれらも主を敬愛する〟（五章「食卓」五十四節）という言葉を引くことはできる。しかしイエス・キリストのような神と人との間の人格的な仲介者をもたないイスラームのような宗教の枠組みのなかで、超越的な神そのものと人間が直面するのは難しい。その方向へは進まなかったのが、十二世紀以降にイルファーンを立ち上げた人びとだったのである。

クルアーンという媒介と神秘主義の営為

神的人間が存在しない以上、神性をどこに見出せばよいのか。右の構図を使ってもう少し考えを進めることができる。

一方のキリスト教では、イエス・キリストという、神の意思によって被造物の世界へ遣わされた存在があるため、神との一体化の試みはイエスという存在に近づいていくことを多かれ少なかれ含む。このことは、第四章のはじめでパウロの言葉を引いて確認した通りである。イスラームの場合にはそのような人間の存在が認められないため、しいて言うなら、クルアーンが前面に出てくることになる。

クルアーンはイスラームにおいて根本的な重要性をもつ「神の書物」であり、被造物の世界にあって神性を知る手がかりとなるものである。だがそれは一冊の書物、あるいはそこに書いてあるアラビア語のまとまりであるに過ぎないから、一体化の対象にはならない。そこでクルアーンという書物の存在を解釈しなおして、次のように考えるのである。

クルアーンには神が預言者に啓示したすべての言葉が入っている。神は無謬であるから、啓示に漏れなどない。つまり、神の意思のすべてがこの書物に込められている。ということは、クルアーンの内容は、間接的かもしれないが、そのまま神の意思そのものである。このときクルアーンのもつ物質性は後景に退いている。

ここにおいて神の意思の内容とは、世界の運命と呼ぶべきものであると考えられる。神はこの世界のありとあらゆるものを創った。また、この世界において何がどこでどのように起きるのか、誰がいつ何をするのか、そうしたことすべてが神によって定められた。神にとっては終末のときまで、すべてがその〝胸のうち〟に備わっており、したがってクルアーンにも潜在的に備わっている。つまり、いまだ生じていないもの・ことも含めて、この世界のあらゆる事象の運命というものは、現実化していないだけで潜在的にはすでに神のうちに備わっていると言える。そして、この神のうちに含まれているものが、形而下的な状況において時間を追って展開していくことが、まさにこの世界の動きだと考えられるのである。以下のようなハディースがある。

「終末の混乱〔フィトナ〕は起きないことがあろうか〔必ず起きる〕」と、神の使徒〔ムハンマド〕が言うのを確かに私〔アリー〕は聞いている。「神の使徒よ、それを免れる道はないのか?」と私が尋ねると、彼は答えた。「神の書〔クルアーン〕のなかには、あなたがたの以前のことの報知、あなたがたの後のことの情報、あなたがたの間にあることの判断、これらがある。それは切り分けるもの〔faṣl、ものを明白に断ずるもの〕であり、戯言ではない。それを捨てる支配者は神が破滅させる。それ以外のもののなかに導きを求める者は神が彼を正道から逸らせてしまう。それは神の丈夫な綱であり、深い知恵の訓戒であり、まっすぐな道であり、それがあれば異説が出てくることのないものである。*3

このハディースには過去、現在、未来のことがすべてクルアーンには含まれている、という意味で、編者のスユーティー（一四四五―一五〇五）は引用していると思われる。また、啓示の最後のものであるという説もあるクルアーンの言葉に、「今日われはあなたがたのために、あなたがたの宗教を完成し、またあなたがたに対するわれの恩恵を全うし、あなたがたのための教えとして、イスラームを選んだのである」（五章「食卓」三節より）がある。神は人びとを救うために預言者を通して啓示を伝えた。人びとを救う神の業は終末まで続くのであるが、この時点で啓示が終わるということは、これまでに下した啓示で、人びとが必要とするものはすべて伝えている、クルアーンのなかに必要なものはすべて含まれている、という意味を引き出すこともできる。

その、神の胸のうちとでも呼ぶべきものを、人間が見られる形に顕したものがクルアーンであると言える。例えば、このようにクルアーンにはすべての知識が含まれている以上、人間がそこに問いかければ必ずそれにふさわしい答えが得られるはずであると考えることもできるし、これから先どのような問題に出合ったとしても、それに対する解答はすでにクルアーンのなかに含まれていると考えることもできる。*4

クルアーン（＝神の意思）へ近づくことは、翻って、神の被造物である人間としての自分を自覚するということにつながる。クルアーン（＝神の胸のうち）に人間の世界のすべてが含まれているのであれば、自分を含めたすべての人間は、すでに神の意思の一部分である。あるいは、すべてのものは神のなかに源、故郷があると言うこともできる。

そうした意味において、すべてが一つなのであり、そのようなかたちで自分を含めたこの世界と神とを理解することが、イスラームにおいては神秘主義と呼ばれる営為の過程であり、最終目的なのである。

西欧の研究者から見た一元論的世界観

筆者が現在の専門領域へ進むきっかけとなったのは、イブン・アラビーの思想に興味を抱いたことであった。当時この分野の研究はそれほど進んでおらず、原典のほかに先行研究として中心的に読むことになったのは井筒俊彦（一九一四—九三）の仕事のほかは、西欧のイスラーム研究者の文献であった。Ｒ・Ａ・ニコルソン（一八六八—一九四五）、ルイ・マスィニョン（一八八三—一九六二）、アンリ・コルバン（一九〇三—七八）などは総じて神秘家や神秘思想に好意的であり、またその旺盛な研究と執筆への意欲に感銘を受けることもしばしばであった。

カトリック系の研究者のなかにはイブン・アラビーのような一元論的な世界観を一切受容せず、

（キリスト教神秘主義の延長線上で理解しようとする試みに親和的であったためか）「愛」の神秘主義、排他的神秘主義と考えられるものに限って受容するような論調があった。

しかし現実の思想史をみると、どう控えめに考えても、イブン・アラビーを中心に、かれのような神観、世界観が不思議なまでの力をもってイスラーム思想に受容され、浸透していると言わざるをえない。そこで、この思想には普遍的なものがあるのではないか、とりわけ、〝イスラームの考えかた〟というべきものに、イブン・アラビーの世界観が本質的に適合しているのではないか——という期待を抱くようになった。

その後、キリスト教神秘主義に手がかりを得て、イエスに類する存在の有無という右に述べてきたような観点から、まさにイブン・アラビーの神観念がイスラームにおいて神に近づくための方法論の基礎として存在しているのだという、確信をいだくようになった。

ところが、イブン・アラビーのテクストは、意図的に理解を阻もうとしているかのような、容易には理解しがたい詩的言語に彩られていて、その魅力は確かに感じたものの、客観的な研究対象とするうえで困難を感じた。結果的に、かれの強い影響のもとにより堅固な思想体系を築いたといえるモッラー・サドラーと、その周辺の神学者・神秘哲学者を、最初の研究対象とするようになった。

右に述べてきたような「カトリックの研究者」とは、キリスト教神秘主義研究で確立された方法論をイスラーム〝神秘主義〟に適用して議論を進めるような研究者である。ルイ・マスィニョンやその流れにあるルイ・ギャルデ、アナワティ神父などにそれは見られる。彼らは二十世紀の研究者である。当時は今でいうオリエンタリズム批判[*5]など存在せず、西欧からイスラーム世界を見るときには文明論的な偏見と評されても仕方のないような視点が感じられた。

かれらにとって神とは、人間とは断絶した高みの存在であるが、その子であるキリストの受肉、受難という神の側からの愛によって、神に背いた人間が神と和解する道を可能にした。人間はこの神の愛という通路を経ることなくして神に至ることはできず、神との一体化の実現という神秘家的願いも、きわめて特殊な、神の愛を示す受肉、受難のキリストによってのみ成就する。それに対して一元論的な神観では、すべてが「神の顕れ」である以上、その顕れの一つにほかならない、人間のあらゆる様態や活動にも神的なるものが見出されると考える。これは大乗仏教でいう「一切衆生《いっさいしゅじょう》悉有仏性《しつうぶっしょう》」、すべての生きとし生けるものが仏（悟りを得る者、ブッダ）としての本性をもっているという考えかたと、構造的にはよく似ている。[*6]

こうした神のとらえかたが、理論的には同一の神をいただくはずのカトリックの研究者に受容されがたかったとしても不思議はない。かれらにとって神とは、人間が自らの魂を清め、一種の自己研鑽を積み重ねることによって現れてくるものである。イスラーム〝神秘主義〟でも、ハサン・バスリーやラービアの禁欲行、また神への愛など、本書が排他的神秘主義と呼んだ一連の禁欲家・神秘家による神への志向にはこれと似たところがある。一連のカトリック系研究者が初期の禁欲的な神秘家の思想を選択的に受容したことは、こうした点に関係している可能性がある。

ただし、イブン・アラビーの研究は西欧において近年一種の流行ともいえるような状況にあり、現代の研究者たちがそうした見方を維持しているわけではないことは付言しておきたい。

二　スフラワルディーの照明哲学

ペルシア文化の影響

スフラワルディーという思想家の名前は、かれが現代イランの北西部にあるスフラワルドに生れたことに由来する。同地出身者で同名の著名な神秘家も複数いるのはそのためであるが、ここで扱うのは神秘哲学者として高名なシャイフ・ル・イシュラーク（「照明学の師」の尊称）・スフラワルディーである。

ガザーリーをイラン北部にあったニザーミーヤ学院の教授に取り立てたのは最盛期の（大）セルジューク朝宰相ニザーム・ル・ムルクであったが、スフラワルディーがこの地に生れた頃には大セルジューク朝は倒れており、その地方政権がより小規模に存続しているのみであった。

その出身地ゆえに、イスラーム以前のペルシア的教養を背景にもつ人物で、教説にはゾロアスター教の影響がみられる。光と闇の二元論的な世界観の受容や、濃淡さまざまな光の諸相にゾロアスター教に由来する天使の名前を付したりして、自らの哲学を組み立てていく点にそれがうかがわれる。

すべての始原としての「光」

主著『照明哲学』[*7]でかれは、あらゆるものの始原として、遍満する「光のなかの光」というものが想定されることを主張する。それは絶対的であり、すべてを覆い尽くすものであって、名指すことも指差すこともできない。しかしすべてを含むものであるがゆえに、低い次元の存在者（人間や動物や無機質の物体など）もすべてそのなかに含まれている。

光とは、それ自体で明らかであり、他のものを明らかにするものである。

ものは、それ自体の本性haqīqaにおいて光また輝きdaw'（であるもの）と、それ自体の本性において光でも輝きでもないもの、とに分かれる。光と輝きによって意味されるものはここでは同一である。なぜなら、私が意味しているのは比喩的に考えられたものではないからである——知性において明らかであることが意味されるもののように——たとえ最後に言われているもの（知性）がこの光に戻っていくとしても。

「それ自体の本性において光また輝き（であるもの）」というのが「光のなかの光」（ヌール・ル・アンワール nūr al-anwār）と、それから発出する一連の非物質的光である。「光とは、それ自体で明らかであり、他のものを明らかにするもの」であり、知性の働きと同じである。知性も「この光に戻っていく」、つまり知性の源はこの光であるとされる。「光」は、「比喩的に考えられたものではない」というように、高度の知的直観によって把握されるのは光（ヌール nūr）そのものであり、光をなにかの比喩として表現しているのではない、という。光そのものが実在である、あるいは実在そのものが光として顕れているのである。何かを知るということは、それが明らかになる、ということであり、知るということは照らし出されるということ、照明を受ける、ということである。それゆえ、すべての知を体現しているものは最高度の光そのものにほかならないのである。知的に認識されるものは、物質性を離れて存在していることにほかならない。

光は、それ以外のものの形であるもの——すなわち、偶有的な光 al-nūr al-ʻāriḍ と、それ以外のものの形ではない光——すなわち、非物質的光と純粋な光——とに分かれる。

偶有的な光（ヌール・アーリド）とは、物体（バルザフ barzakh）やなにか別の光に付随して存在している光であり、この光が付随することによって、その物体が他の物体とは異なる、ある物体であることになる。「非物質的光」も「純粋な光」もそれ自体で光り輝くものであり、知性のことで、

「光のなかの光」と濃淡を異にする存在である。

見ることもできない、まともに思索の対象化もできないような最高度の純粋な光、「光のなかの光」というものがあり、そこから、一段階下降した形での「光」が出現する。これに「もっとも近い光」(ヌール・アクラブ nūr aqrab)と名付けられ、またゾロアスター教の天使のひとり、バフマンとも言われる。そして次に、そこからさらに下降した段階の「光」を生み出すことになる。順次下の段階に降下するにしたがって光は分化し弱まっていき、並行して影のような存在を同時に生み出していくと考える。

それ自体の本性において光でないものは、場 maḥall を必要としないもの、――すなわち、薄暗い実体 al-jawhar al-ghāsiq と、それ以外のものの形であるもの――すなわち、闇的な様態形 al-hay'a al-ẓulmānīya とに分かれる。

「光のなかの光」から順次光が発出する。それらすべては純粋な光であるが、発出したものは発出元との比較において完成度が低いので、その落差から影のような存在が生れる。それが「それ自体の本性において光でないもの」にあたり、潜在的な物体(バルザフ)、あるいは物体の根源である。物体は「薄暗い実体」(ジャウハル・ガースィク)ということもできるが、薄暗い実体とは物体の根源のようなもので、薄暗い実体が偶有的な光を受け光が付随することにより、それは偶有的な光のすがたをした物体になる、といえるだろう。

闇的様態（ハイア・ズルマーニーヤ）は、大きさやその他の様態など物体のもつ属性を指している。「薄暗い実体」は「偶有的光」を「運び」、さらに、光がまったく失せて闇のようになっている「薄暗い実体」もあるという。潜在的物質とも考えられる「薄暗い実体」が「偶有的光」を受けることでこの偶有的光の指示する姿として、ある物体を顕現する。その偶有的光はさまざまであり、この「薄暗い実体」は、受ける光の強さによっては闇的な様態へとも変化しうるものである。そのいずれもが「偶有的光」によって多様な姿、形をもって顕れたものなのである。

イブン・スィーナーの哲学の影響

最上位にある何か、これはこうであると説明のできる対象ではないが、「光のなかの光」という表現をあたえられているものであり、そこから光が発出する。「光のなかの光」は完全な一であり、そこから発出する第一の光、「もっとも近い光」もひとつの光である。もしふたつのものがそこから発したとしたならば、源である「光のなかの光」にすでに二なるものがあったことになり、それは認められない。そのような形で「光のなかの光」からはひとつだけ、第一の光が生じる。

第一の光からは第二の光が生じるが、第二の光は、なんの遮《さえぎ》るものもないので「光のなかの光」から直接照明を受けるとともに、第一の光を通しても照明を受けるので、二度の照明を受ける。それとともに、第一の光も始源の光に劣ったものであるという観点で、影を生み出す。このように光と影が段階的に発出していくことで多様な光と影の世界が顕現する。このようにして世界が姿を現すことになる。

発出あるいは流出というイメージが「光」を使って述べられているが、これはイブン・スィーナーの世界生成の議論の影響を強く受けたものである。イブン・スィーナーによれば知性は、認識不可能な「一者」からまず「第一知性」が流出し、次に第一知性から「第二知性」が流出する。第二知性が生れるときには、スフラワルディーと同様に、同時に物質性の根源として「第一天球」が生じる。こうしたかたちで「第十知性」と「第九天球」までが生み出され、最終的に物質的世界が現れる。イブン・スィーナーは知性の段階を想定して説明するが、同じ事態に光のイメージを与えたのがスフラワルディーであると、ひとまずは考えることが可能であろう。最高位にある光については、それが第一原因であることを示唆する。

存在のなかに定義や説明を必要としないものがあるならば、それは顕現しているもの zāhir であり、光よりも強く顕現しているものはない。かくてそれよりも定義を必要としないものはない。

光が「顕現しているもの」であることは明らかであり、明らかなものはそれ自体明らかなので、それが何なのか説明する必要はない。自明のものである。これが基本的な光の何なのかを示す言葉である。顕現しているとは見えているということであり知っているということ。スフラワルディーの光の哲学がイブン・スィーナーの哲学と重なる理由はここにある。さらに次のように言う。

何も必要としないものとは、それ自体がそれ以外のものに基づかず、その完全性が（それ以外のものに）基づかないものである。何かを必要とするものとは、それ自体、あるいはその完全性が、それ以外のものに基づいているものである。

このようにして、最高位にある「光のなかの光」を原点として「もっとも近い光」に始まるすべての光は上位のものが下位のものを生み出すという原因結果の系列となっており、すべての源である「光のなかの光」が第一原因であることを述べるのである。イブン・スィーナーの哲学も、すべての存在の原因を求めることで最終的に第一原因である神に到達する。その意味でも、スフラワルディーの光の哲学は、基本的な枠組みをイブン・スィーナーに負っていることになる。

地上と天上との相関

イブン・スィーナーの哲学に則っていることが即、スフラワルディーにおける独創性の欠如を示しているわけではない。イブン・スィーナーが想定した知性を生む流れは垂直的なものと捉えられるが、スフラワルディーの場合は同じ垂直方向でも知性を十に数えるのではなく、光の数は段階ごとに倍々と増えていく。

また地上と天上との相関という考えも出てくる。この地上の世界の存在者すべては天上界にそれに対応する支配的光をもち、その光の具体的な顕現として地上の世界の存在者は位置づけられる。例えば人間という種、犬という種、猫という種のそれぞれについてのもとになるイメージとしての「光」(最上位の光とは別のもの)が、物質を超えた精神的世界、天上界にはあるのだという。それは日本語にすれば「種の主」――人間なら人間という「種」の主人――という光があり、それは地上の物質的な存在者の、天上界での対応物となる。

スフラワルディーはこれをプラトン的イデアともいう。地上にあるすべてのものが、その本来のあるべき姿として天上の自己を思い、また天上の光はその姿を具体化するという形で対応する地上の存在者を支配する。「光のなかの光」を起源として光の発出とその多彩・多様な展開によって、この世界はさまざまな濃淡、強弱をもつ光と闇とが絡み合い、流動する光の殿堂となるのである。

照明哲学と神秘主義

このようにスフラワルディーの議論は、クルアーンにおける創造神かつ審判者としての神の像、すなわち擬人的にも表象することのできる神の像から離れていくという印象を抱かせるものである。

神を、「光のなかの光」という抽象的なかたちでとらえるからである。

存在者の世界は、「光のなかの光」から発出した光が徐々に弱くなって闇（影）と混ざり合いながら出来上がっている。私たちを含むすべての存在者がこの「光のなかの光」からの発出のなかに位置をもつということは、最上位のすべてを覆い尽くす完璧な光が、淡いぼやけた光でしかないかもしれない存在者としての自分の根本になっているということである。それは、神秘主義が求める「絶対者と一つになる」ことの、スフラワルディー流の表現になっていると見ることができるだろう。

こうした説に神を求める一つの道を見ることが現代の私たちには可能であるが、当時のセルジューク朝の地方政権は「照明哲学」およびスフラワルディーを異端視した。かれは三十代なかばで処刑された。

三　イブン・アラビーと存在一性論

「最大の師」の生涯

イブン・アラビーは、死後「最大の師 al-shaykh al-akbar」という尊称を送られたように、イスラームの神秘主義において第一級の思想家であったことに異論はない。その一方で、エジプトにおいて二十世紀になってもその本が発禁になるなど、異なる立場からさまざまな評価を受けた人物でもある。本書では「はじめに」以来ここまで折に触れて、かれの思想、なかでもとくに存在一性論と呼ばれる一元論的世界観について要点のみ簡潔に述べてきた。そのテクストの難解さと魅力も本章で言及した通りである。

かれは、スペインがイスラーム文化圏の一部であった頃のムルシアで生れ、スフラワルディーの同時代人であったが、スフラワルディーが処刑された頃にはまだアンダルス地方にいたものと思われ、ふたりが直接会ったという記録は残っていない。またスフラワルディーと違って公権力によって処刑されることはなかったが、地中海沿岸を遍歴するかれに対してはエジプトのカイロで暗殺計画があったという。晩年はダマスカスに滞在し、主著『マッカ啓示』を執筆し、その地で七十代半ばの生涯を閉じた。いまでも聖者として崇敬され、ダマスカスにあるその墓廟に詣でる人は多い。

テクストと翻訳のあいだ

イブン・アラビーのテクストを英語に翻訳したものに、ウィリアム・チティック（一九四三―）のものがある。原文の晦渋《かいじゅう》な文体を比較的明快に整理し翻訳している点で評価が高く、本書でも参照している。

しかし、アラビア語の原文で表現された心象や思想をいかに精確に異言語に置換しようとしても限界があることは明らかである。一般論になるが、英訳でイブン・アラビーのテクストを読むことは、英語への翻訳者が英語によって把握し表現している範囲内でのイブン・アラビーの思想に接することを意味する。本書でアラビア語原典から訳している各テクストも同様で、筆者が自らの理解した範囲内でしか提供できていないことは告白しておかねばならないだろう。

イブン・アラビーは多様な要素をもつ思想家である。神秘思想の分野に限っても、ある定義や概念で把握しようとすれば、別の箇所ではそれを否定するような主張をさらりと述べるあたりが、いかにも一流の思想家という印象を抱かせる。

かれのテクストは当初から読む者を悩ませた。クーナウィー（？―一二七四）のような一連の弟子たちによる解説や注釈を通して彼の思索は整理と体系化が進んだが、そのように整理されたものは、理解しやすくなったかもしれないが、やはりイブン・アラビー自身の思索からは遠ざかってしまう。イスラーム文化圏や欧米だけでなく日本にも井筒俊彦はじめ少数ではあるが研究者がおり、精力的な取り組みが続いている。しかし、かれの著作は（まとまった形では）いまだに日本語の翻訳は出ていないのである。

絶対的「一者」から個々の存在者へ

かれは、今は法学派としては滅んでしまった、聖典テクストの文字通りの意味を重視するザーヒル学派の法学者でもあったが、本書で取り上げるのは、後世「存在一性論 wahdat al-wujūd」という名称で広く知られるようになる、彼の神秘家、神秘思想家としての思索である。そこでは新プラトン主義の用語でいう「一者」からの流出、絶対者の自己顕現が鍵概念となるだろう。ここでは「一者」という語ではなく、「絶対者」という語を使いたい。

「絶対者」とは指呼できないものである。なにかを指し示すということは、指示されるもののなかには、指示している者は含まれない。主体と客体を二分することでしか、我々の認識は働かないからである。この「絶対者」はそのような主客の対立を包摂するような、いかなるものも含まれないことのない一なる性質をもつものである。

これを言語でとらえることは限りなく不可能に近く、もし表現するならば、それは存在するとともに存在しないものである、というような矛盾した表現を通して、感じ取ってもらう、というしか道はないであろう。これは禅問答といわれる言語活動に通じるものがありそうである。言葉の論理にからめとられて生きている我々に、意味の通らない矛盾した表現をぶつけることで、日常論理にからめとられている状況を一挙に破壊し、その日常論理の虚妄性の自覚に至らしめる、ということであろうか。

すべてのものがそこから生じるのでありながら、それを知ること、把捉することのできない根源をイブン・アラビーはとりあえずghayb（ガイブ）と呼んだ。定着した翻訳語はないが、「玄」や「秘」などの語があてられている。「現れていない（ために見えない、触《さわ》れない、把握できない）もの」という含意で、そうした言葉で「一者」を、不完全な形式ながら指示するのである。

ここで筆者が用いる「絶対者」とは、ḥaqq（真実在）である。前章で見た、ハッラージュが処刑される遠因となった「私は真実在〔神〕である」（Anā' l-Ḥaqq）という言葉にも見える語である。イブン・アラビーのテクストではこのḥaqqを「絶対者」と訳すととりあえず済む場合が多い。イブン・アラビーだけでなく、普通の文脈で神をḤaqqと表現することもある。

新プラトン主義的「一者」として考えられる絶対者（存在〔ウジュードwujūd〕）が、自己顕現tajallī（タジャッリー）という流出、溢出《いっしゅつ》（ファイドfayḍ）の形をとること、感覚や言語で把捉することのできない働きではあるが、そうした絶対的な実在というものが〝ある〟――「ある」ことを感得はできないため正確な表現ではないが――ことが想定され、その絶対者の自己顕現によって具体的な存在者（マウジュードmawjūd）が現れるとするのである。主客の対立を包摂し、認識することもできない、この絶対的存在（al-wujūd al-muṭlaq）という実在の世界が、個別具体的な我々の現実の世界の根源にある、という直観が基礎になっている。

遍満しているそのようなエネルギーを「存在」と捉えて、それがさまざまな時間・状況に応じて種々の濃淡で凝り固まることで、すべてのもの（存在者）の姿になっている、と考え、その流出の過程を自己顕現と呼ぶのである。人間だけではなく、机や紙や鉛筆もすべて絶対者の自己顕現の一形態である。イブン・アラビーがもたらした、直観的把握による〝存在の唯一性をめぐる議論〟が「存在一性論」と呼ばれるものである。

こうした自己顕現には段階論が付随する。最上位に絶対的一性、中位に相対的一性、下位に多性を置くとする。アラビア語は次のようになる。

aḥadīya	アハディーヤ	絶対的（超越的）一性	ガイブ（玄、神）
wāḥidīya	ワーヒディーヤ	相対的（統合的）一性	（属性を伴う）神
kathra	カスラ	多　性	個々の人間、事物

ここで「神」が二領域にまたがって配されていることの意味はすぐ後で述べる。

これらのもととなったaḥad（アハド）とwāḥid（ワーヒド）の語は両者とも「一」を意味するが、ニュアンスがある。aḥadの「一」は「全」に近い。全体は一つであって外部はない。「全体」の意味で「一つ」といえばすべてを指示しうるだろう。これに対してワーヒドはそのあとに「二、三、四……」と続くことを前提にした「一」である。

ガイブと呼ばれる、とらえどころのない一つの実在が〝あり〟、それがカスラという、個々の人間や事物へと顕現していくとき、その中途段階として相対的一性というものを想定するのである。言い換えれば、一である絶対者が多として現象していく過程に、段階を想定するのである。
アハディーヤとはすべてのものを含みながら、把握はできない状態にある。それがまだ流出を始めようとすらしていない状態の一である。それ以外のものは何も存在しないような、すべてを包括する完全なる一が、多性として現象するという契機すらまだもっていない状態の、完全な一のことである。結果的にはすべての存在者がそこから出てきたと考えざるを得ないようなおおもとである。
ワーヒディーヤは、それ自体はまだ一であるが、内部においては現実世界の多に応じる形で分割ができているような状態のことをいう。神には、創造者としての性格、慈愛深き者としての性格、審判者としての性格など多様な属性（個別具体的な働き）が想定されうるが、このように神をとらえるならば、そうした神はワーヒディーヤの段階にあると捉えられる。神学という別の流れのなかではあるが、そのように複数の属性を想定すること自体を、神の唯一性を危うくするものとして批判したのが、第三章で取り上げたムウタズィラ学派である。

　右のように整理したからといって神の唯一性が侵されるわけではまったくない。神は「一」であり、「一」でありながらも「多」の側面をもつ、多を内包する「一《ワーヒディーヤ》」という局面もあり、まったく純然たる「一《アハディーヤ》」という局面もある。

　より素朴に、一なる絶対者が多を創出するのであれば、二段階（二項）だけで説明できるという考えもありうるかもしれない。しかし純然たる「一」の世界から突如「多」なる世界が生れると考えるよりも、「一」ではあるが、そこから出てくる多性の世界に対応するような、「多性を内に秘めた一」の段階というものが想定されて、そこから多なる世界が現れると考えるほうが、神の絶対性、またガイブの把握不可能性がよく表されるのである。

光と受け手の比喩

イブン・アラビーのテクストの全篇が、すべて晦渋というわけではない。彼はクルアーンを引きながら次のように言う。

われは凡ての者に、これらの者にもまたかれらにも、あなたの主の賜物を広く授ける。あなたの主の賜物には限界はないのである。*8

すなわち、留め置かれること（与えないで自分の手元においておくということ）はない、ということである。かれは以下のように言っている。神は不断に与え、顕現の場 maḥall はその受容能力の実相に応じて受け取る。ちょうどあなたがいうように。すなわち、太陽はその光を存在者のうえに拡散し、その光をどのものにも惜しむことはない。顕現の場はその光をそれらの受容能力に応じて受け取る。*9

神は被造物に対して与えることを惜しまない。神からは絶えず「存在」が流出しているが、その流出の受け手が「顕現の場」——例えば私、あなた、机、鉛筆という個物の場——として現れる、そして、それぞれの場がもっている「受け取り能力istiʻdād」の実態に応じて存在の流出を受け止めて、今ある個物（私、あなた、机、鉛筆）が姿を現していると考えるのである。神は個物に対して惜しまず与えるが、個々の顕現の場は、それぞれの能力に応じてしか受け取ることはできないのである。

どの顕現の場も（受けた光の）結果を太陽に帰し、自分自身の受け取り能力を忘れる。冷の気質の人〔shakhṣ〕はその（太陽の）熱を楽しむが、他方、熱の気質の身体〔jism〕はその熱に苦しむ。その本性において、光は同一である。しかし、ふたりのそれぞれは一方の者が楽しむことで苦しむ。もしこのこと（顕現すること）が光のみに関わるのであったなら、それは一つの実在を生じただけであろう。それゆえ、それ（太陽の光）自体の力に応じたものが与えられ、他方、受け手の側もそのこと（太陽の光の施与）に対して一つの判断を行う。必ずそうする。というのも二つの前提（与える者、受け取る者）なしにはいかなる結果も生み出されないから。*10

引用は太陽の譬《たと》えへと続く。太陽は惜しまずあらゆる存在者に光を与えるが、しかし存在者（顕現の場）、すなわち地球全体であれ、人間一人ひとりであれ、草一本、虫一匹であっても、個々の物は、太陽の光をやはりそれぞれの力に応じて受け取る。そして、その受け取り能力を意識しなくなる。なお、ここで冷の気質・熱の気質というのは、ギリシア以来の医学における四体液説（血液、粘液、黄胆汁、黒胆汁の調和によって健康を考える理論）で用いられる熱冷乾湿の四つの性質に基づく表現である。

さて先の引用に戻れば、「もしこのこと（顕現すること）が光のみに関わるのであったなら、それは一つの実在を生じただけであろう」というのは、太陽の光はどこでも同一であり、受け取る方もその能力が同一であったなら、顕現のしかたは一つの「実在」だけであっただろうが、実際には顕現の場に能力の違いがあるためそうならなかった、という意味である。二つの前提というのは、太陽は自らの力で光を与えること、受け取り手は能力の違いによって受け取り方が変わることの二つであり、その両方によって個々の顕現の場であらゆる存在者が異なった姿をもって生れてくることが説明されるのである。

神的自己顕現とは何か

『マッカ啓示』はさらに秀逸な比喩を続ける。

太陽は洗濯人の顔を黒くもするが、他方、洗濯物を白くする。太陽が洗濯物を白くするのは、その洗濯物の受け取り能力に因《よ》るし、他方、それが洗濯人の顔を黒くするのである。同様に、吹く者の一吹きもそうである。灯火を消すのもまた火口《ほくち》に火をつけるのも、空気であり、それ自体は同一である。神の書（クルアーン）の一節が具体的な一つのものとして何人かの聞き手に至る。ある聞き手はそれから一つのことを理解し、また別の聞き手はそのことを理解せずに、なにか別のことを理解する。一方、また別の者はたくさんのことを理解する。かくて、この節について思いをこらす者たちのそれぞれは、彼らの理解の受け入れ能力の違いに応じて、この節を引用する。

じつに巧妙な譬えと言うべきだろう。詩人でもあったかれの才能が現れている。太陽の光は、干す人間の日焼けと干されるものの乾燥を結果する。息のひと吹きは、燃え盛る火を消し、点いたばかりの火を大きくする。クルアーンの一節を聞いた人たちは、ある一つの使信を得る者、別の使信を得る者、多くの使信を獲得する者などさまざまである。それぞれの理解したものに応じてその一節を引用すれば、当然そこに読み込む意味は異なってくるのである。

続いて「神的自己顕現」の表現へと向かう。

同じことが神的自己顕現 al-tajallīyāt al-ilāhīya にも生じる。自己顕現する者（絶対者）は、彼が彼自身であるというかぎりで、具体的な一 wāḥid al-ʻayn である。他方、その自己顕現はさまざまでである。すなわち、自己顕現する者が彼らの受け取り能力の違いに応じ（て現す）それらの形相は（さまざまである）ということである。神的施与についても同じである。

tajallīは「自らが自らの姿を明らかにする」というのが言葉の本来の意味である（チティックはこれをself-disclosureと訳し、井筒俊彦はself-manifestationと訳している）。これをイブン・アラビーの文脈に合わせて解すれば、存在wujūdという普遍的なリアリティ——前節で述べたスフラワルディーのいう「光」のように、すべてを包括するものであるがゆえに対象的に指示したり把握したりすることはできないレベルのもの——となるだろう。

そのように、すべてに遍満していながら見ることも触ることもできないような隠れた存在、対象的に把握することのできない実在、が形をもって現れてくることが、イブン・アラビーの言う（神的）自己顕現である。絶対者から与えられるものの性質は一つであり、受け取る側の能力の違いによってその現れかた（似姿）が多様になると繰り返されている。目に見えないはずの「存在そのもの」が、目に見える形で「顕現」し、「私」になり、机となり椅子となり、地球全体となってきたのがこの世界なのである。

そのように見ることによって、自分という矮小な人間も絶対的存在の一つの現れであり、その絶対的存在（の最高度の顕現）を神と呼ぶならば、われわれは神と一つになっていると言うことができる。イスラームにおける神秘主義をこのような形で見ることができるだろう。

自己顕現がまったく同じことを「繰り返すことはないが、自己顕現者は一である」[11]ことは、人間の自意識との対比で説明される。人間は、喜怒哀楽のさまざまな感情のなかにいたり、あるいは違う状況のなかでまったく別の行為をしていたり、まったく別のことを考えていたりする。つまり、ひとりの人間が示す現象は多様である。時間の経過とともにたえず「揺れ動いて」いながら、「この揺れや変容にもかかわらず」自分自身であることを認識し、同一性の持続していることを知っている。ひとりの人間の場合でも、さまざまな様態に不断に形を変えながら顕現をつづけつつ、しかもそれが同一人物であることがわかるのだ。これと同じように、

（絶対者の）自己顕現の姿形もまたそうである。それは多様であり同じことを繰り返さないとはいえ、ひとびとは、一でありながらこれらの（多様な）形姿のなかに自己を顕現する神についての知識に無知でありつづけることはない。[12]

という。存在者の世界は、その全体が、一瞬一瞬に外貌を変容させる絶対者の自己顕現の姿にほかならない。この動的な変転きわまりない存在者の世界のすみずみまで遍満しているのが「存在」という唯一の実在である。唯一の実在である「存在」が濃淡遅速さまざまな様態を示して現れたのが存在者の世界全体である。

存在者という具体的な個物の集積のなかに、それを成立させている「存在」そのものを直観する

ことが、顕現の当体である神を知ることになる。このような知識、真知というべきもの、はもっとも根本的な知であり、その重要性、根源性から無知ではあり得ないものだと言うのである。

現象として外面的には無限に多様で、同一のものとはとても思われない。しかし、それらすべてのおおもとには、唯一で絶対の自己顕現者すなわち神が、統合的一性wāḥidīyaとして、さらには超越的一性aḥadīyaとして、想定されている。

汎神論との関係

この「遍在する神」の神観念は、すべての個物のうちに神（性）があまねく満ちているという見方を惹起し、汎神論へと近づく。しかし、すべての現象に神を見、その現象が神であるという素朴な汎神論ではない。「神」という人格的な存在はすでに顕現した「神」であり、この「神」がすべての事物や現象のなかにあるというのは、創造者と被造物を同視、混同するイスラームの最大の罪、シルクである。

イブン・アラビーが言うのは、その「神」の顕現する以前の主客未分《しゅかくみぶん》の、創造者と被造物とが区別される前の、絶対的実在（純粋存在、絶対的存在などと仮に呼んでいるもの）が、それぞれ互いにまったく異なる「もの」として顕現するということである。もし、その顕現した「もの」に顕現した「神」が宿る、と考えたとしたら、それはイブン・アラビーにとっても極めて醜悪な非イスラーム的観念となってしまう。

主客未分の絶対的実在が最高度の完全な実在性をもって顕現したのが「神」であり、それ以外のもの、通常の神学では被造物と呼ばれるもの、これらは不完全な多様な形で顕現したものである、といえるだろう。

前章でズンヌーンが垣間見せた「汎神論」的世界観は、自然現象の背後に神を見出すというもので、自然現象それ自体が神であるという単純な汎神論ではないであろう。自然現象は神によって支配されているという意味で、それらの背後に顕現した「神」の力を看取するというのであれば、それはそれとして立派なイスラームの神秘家の言葉ではある。しかしそれはイブン・アラビーの洞察とは異なるものである。

とはいえ、ズンヌーンの残した言葉に、イブン・アラビーの洞察を重ねて理解することは可能である。イブン・アラビーの思索が前代の神秘家たちとどのようにつながっているのかは、長い論証が必要であろうが、先行する神秘家たちの体験を養分としながらイブン・アラビーにおいて存在一性論とよばれる一元論的な洞察が結実したのは確かであろう。イブン・アラビーの影響力が強まることによって、その後の神秘主義的な思索——哲学的なものであれ、文学的なものであれ、すべて——をイブン・アラビーの思索の枠組みで説明しようとする傾向が生れる。*13

イブン・アラビー自身の思索は変幻きわまりないともいえるような自在な語り口で進む。これを一定の枠組みに入れて説明することは、学ぶ者にとって大いに助けとなる。しかし、同時にそれはイブン・アラビーの思索そのものから離れることにもつながる。神秘主義的思索は煎じ詰めれば人間と神とが一つになることを考えることであり、一定の方向性を共有している。そのような神秘家たちのさまざまな試みをすべて飲み込んでしまうような懐の深さをもつような思索でもあったといえるだろう。

イブン・アラビーは詩人でもあった。次に掲げる詩は、民藝運動で知られる柳宗悦《やなぎむねよし》(一八八九―一九六一)が大正時代に、おそらくはR・A・ニコルソンの著作から引いて紹介したものである。

吾が恋人たる神が、吾が前に現はれる時、
如何なる眼で彼を見るのであらうか。
それは私のではなく、彼の眼で彼を見るのである。
何故なら彼のほかに彼を見得る者はないからである。[14]

前半二行では「吾が恋人(たる神)〔my Beloved〕」と「吾」を区別しているが、三行目から変化する。神が姿を顕し私と見つめ合うとき、私のなかの私は消え、神と一つになってしまい、私の眼は私のものではなく、神の眼であり、まさに神が神を見つめるという至福の状況が生れているのである。ハッラージュの「私は神である」(Anā'l-Ḥaqq)とほとんど同型であるといえよう。

一神教の究極

同じくニコルソンが紹介して有名になった、イブン・アラビーの詩集『愛の解釈者』からの一節を見ておきたい。

わたしの心はどのような形姿も受け入れる。
ガゼルの牧場となり、修道士の隠遁場となる。
偶像を祀る寺院となり、巡礼者の巡るカアバとなる。
律法（トーラー）の書板となり、クルアーンの書冊となる。
わたしは愛の宗教を信じる。
愛のラクダがどちらを向いて行ったとしても、
その宗教がわたしの宗教であり、信仰である。*15

「修道士」とはキリスト教の修道士、「偶像」とはイスラーム以前のアラビア半島で信仰されていた偶像awthān、「律法（トーラー）」はユダヤ教の聖典のことであり、さらにイスラームの「カアバ」神殿や「クルアーン」など、さまざまな宗教の名辞を取り上げ、わたしの心はキリスト教徒にも偶像崇拝者にもユダヤ教徒にもムスリムにもなることができ、どの宗教であれ、私が導かれた先の宗教が私の宗教、私の信仰であるという。

この表現の意図するところは、イスラームやキリスト教など具体的に存在しているさまざまな宗教や信仰、そういうものが顕現するその一段階前に遡れるとするならば、イスラームであれキリスト教であれユダヤ教であれ、あるいは多神教と呼ばれるようなものであっても、すべては前述の「受け入れ能力」によってそのように顕現しているものであり、その限りでは、すべて絶対的実在の顕れであるということであろう。

別の言い方をするとこうなるであろう。未分化の実在の世界ではイスラーム、キリスト教、ユダヤ教、偶像崇拝など宗教の違いは意味をもたず、またそこは正しい宗教、間違った宗教などという判断もできない領域である。そのような状態から、それぞれ特徴をもつ宗教が生れる。人間自身、ムスリムであるとかキリスト教徒であるなどと分化もしていない状態のなかで、「愛のラクダ」の過程（神の予定）ともいえる、崇拝者と被崇拝者との相互の働きかけ（〝神は、民を愛でられ、かれらも主を敬愛する〞第五章「食卓」五十四節）を通して、具体的な神と信仰者との相互の位置づけが決まる（宗教が決まる）ようになる。ここで「愛のラクダ」という語は神の予定を比喩的に示している。これは、その人の宗教が決まること、いいかえれば、その宗教で崇拝される神と崇拝する信者とが現れることである。絶対者からの働きかけが信者として顕現する場の受け入れ能力に応じて、そういう信者を顕現させ、また同様にそこでの神もまた、絶対者がそのような信者をもつのにふさわしい姿の神となって顕現するのである。神は崇拝者の崇拝に応じて顕現し、崇拝者もその神にふさわしい姿で顕現するという相補性が神的自己顕現にはみられる。顕現することを欲していた（隠れた）絶対者が神として顕現するために、崇拝者が顕現し、崇拝者の崇拝によって神も顕現する。クルアーンの句にあるように、神とそれを崇拝する者同士の愛の交換を通して、隠れた絶対者が顕現するのである。それゆえ、人がどの宗教をもつようになったとしても、神的な定めに従っているのであり、人間はそれに従った生を送るのである。愛のラクダにしたがって、どんな人間もそれにふさわしい信仰をもつのである。

現象としては多（なる宗教）として現れているが根源的には一である、というように、どのような宗教も同等であるという使信をここから引き出すことも可能であろうし、今の時代、そのような考え方は重要であろう。ただ、この詩が現代的な「信教の自由」につながる考え方を伝えているとまでは言えないであろう。この詩から引き出せる使信は、ムスリムであれ、キリスト教徒であれ、仏教徒であれ、どのような宗教に生れついたとしても、それは神的な定めとして肯定されるものであり、その宗教の要請に従って人は生きていくものである、ということまでであろう。

ここで想定されているのは、個別的な宗教を超える次元であり、そこにはすべてのものが含まれているが、どのものも他と対立して分化することもないような、一なる絶対的実在の世界である。それは、神として崇拝されるものも、神を崇拝する者も、その区別が消え去るような一なる世界である。イブン・アラビーはこの絶対的実在の世界に目を向け、言葉を紡ぎ出していったのである。彼が残したものは、決してムスリムの多くに歓迎される表現ではないかもしれないが、ある意味で一神教の究極の理解のかたちであると言うことはできるだろう。
イブン・アラビーの洞察を日本語でみごとに描きだした言葉を最後に引こう。

私たちは、私たちを取り巻くさまざまなことを知ろうとしてそれらに気を取られていますが、じつは、それらは私たち自身のうちにあらわれた私たち自身に向けられた私たち自身の一つのあらわれであり、さまざまなもののうちにかがやき出た神さまのあらわれにほかなりません。*16

四　モッラー・サドラーの神秘哲学

哲学的思索の潮流

イスラーム思想史の流れは十三世紀以降、スフラワルディー、イブン・アラビーという二大家の決定的な影響をこうむった。その二つの流れの先に、ヒクマ hikma と呼ばれる神秘哲学の大成者として挙げられるのがモッラー・サドラー（一五七一頃―一六四〇）である。ここに至る流れを、イスラーム思想史の文脈を離れて眺め直してみよう。

西洋哲学史の書物を繙《ひもと》けば、中世哲学のなかに「アラビアの哲学者」という一節が見つかるだろう。それは「最初のイスラーム哲学者」と呼ばれるキンディー（八〇一頃—八六六頃）に始まり、本章で触れたイブン・スィーナー（ラテン語名アヴィセンナ）を代表とする哲学者たちの記述が続き、最後にイブン・ルシュド（ラテン語名アヴェロエス）の名前が来る。そして、「哲学者」アリストテレスの「注釈者」としての「アヴェロエス」を最後にして、〝西洋哲学史〟のなかでのアラブ／イスラームの哲学者たちの存在は消えるのである。

しかしながら、イスラームの世界ではその後も哲学的思索は〝独自の〟[17]発展を続けた。このイブン・ルシュド以降の後期の哲学を特徴づけるのは、イスラームの一元論的神秘思想の思索との合流である。この潮流と重なることで、イスラーム特有の神秘哲学が生み出された。ほかのユニークな思想家たちとともに、モッラー・サドラーはこの流れのなかに位置づけられる。

小品であるが、代表的著作の一つ『存在認識の道』は、その日本語訳が井筒俊彦によってなされたもの[18]だが、この著作で主として扱われた「存在」と「本質」の問題は、アリストテレス哲学をイスラーム哲学経由で継承した西洋のスコラ哲学でも同じように重要な問題であった。西洋の中世哲学を代表するトマス・アクィナス（一二二五頃—七四）に、小さいが重要な論考『存在者と本質について』[19]がある。ここでかれはイブン・スィーナーやイブン・ルシュドなどの哲学者の議論を引きながら、本質の意味や存在のありかたを論じている。ここでは、合理主義的なアプローチで扱える範囲に限定して議論を進めており、ヨーロッパ的合理主義の一つの典型になるもののように思われる。ヨーロッパ世界に影響を及ぼしたあと、イスラーム世界のなかで〝独自に〟展開していった哲学は、ヨーロッパ的合理主義の方向へは向かわず、神秘主義的思索を強めてモッラー・サドラーのような思想家を生んでいくのであるが、同じ古代ギリシアに起源を持ちながら、哲学的思索が異なる方向に進んでいったのは興味深いことである。

ここで用語について、神秘主義、神秘思想、神秘哲学、イブン・スィーナーやイブン・ルシュドの哲学、そしてモッラー・サドラーに適用される「ヒクマ」を整理すると次のようになるだろう。

名称	**原義**	**訳語**
タサウウフ	スーフィーの営為	神秘主義（スーフィズム）
イルファーン	知識、真知	神秘思想、神秘哲学
ヒクマ	智慧、叡知	神秘哲学
ファルサファ	フィロソフィア（音訳）	哲学（ギリシア的哲学）

イスラーム固有のものとしての神秘家の営為を右側に、アリストテレス由来の知識体系の追究を左側に置いた横軸を考えれば、そのあいだにイルファーンとヒクマはこの順に配置されるだろう。定義は研究者によってさまざまであるが、本書の立場は右のようなものである。

モッラー・サドラーはサファヴィー朝（一五〇一―一七三六）の治世下に生きた。この王朝の文配領域は現在のイランからアフガニスタン、パキスタンにまで及び、北部インドを支配していたムガール帝国の領域と隣接していた。この両国にわたって、ペルシア語が公用語となっており、サファヴィー朝下で形成されたいわゆるイラン・イスラーム文化はムガール帝国の宮廷文化ともなった。ペルシア語文化とともにアラビア語の文物も流入していく。その過程でモッラー・サドラーの著作もインドへ入っていき、その流れは現代まで続いている。パキスタンにとって国民的詩人であり、建国の理論的リーダーともいえるムハンマド・イクバール（一八七七―一九三八）も、モッラー・サドラーの研究書を出版しているほどである。

哲学者の経歴

モッラー・サドラーの「モッラー mullā（ムッラー）」とは知識人に冠する尊称であって、本名は生地シーラーズ（現代イラン南部）からとったサドルッディーン・ムハンマド・シーラーズィーという。かれが生きたのはサファヴィー朝が支配する十六―十七世紀のペルシア地域であった。

現代から見れば十六世紀はヨーロッパにおいて資本主義が勃興した時期であり、ヨーロッパ時代の幕開けともとれる時代であるが、実際にはイスラーム圏が西欧を脅威に感じることもまだなく、知識人にとっては、イスラームの考えかたが基本的に受け入れられている文明社会で、そうした基盤のうえにひたすら知的営為を重ねることができる状況であった。

裕福な名家のただ一人の男子として生れたモッラー・サドラーは大事に育てられ、当時可能な限りで最高の教育を授けられた。教育はシーラーズで始められ、イスラームの基礎となるアラビア語、クルアーン、ハディースなどを修めたあと、当時のペルシアで知的活動のもっとも盛んであったイスファハーンへ向かい、その後の思想形成に大きな影響を与える師、ミール・ダーマード（？―一六三一）に出会う。

ミール・ダーマードはイスラームの哲学史上、アリストテレス、ファーラービーに次ぐ「第三の師」と呼ばれることもある、イルファーン（イスラーム神秘哲学）の代表的な思想家である。単に合理的な思考を進めるだけでなく、神秘的直観に裏打ちされた思想を発展させた。モッラー・サドラーが哲学的教説に関してもっとも依存している師であった。

しかしモッラー・サドラーはのちにミール・ダーマードと正反対の立場をとるようになる。ミール・ダーマードは、世界を存在 wujūd と本質 māhīya の二つの概念でとらえた場合に、本源的により重要なのは本質のほうであるとする「本質の本源性 aṣālat al-māhīya」をモッラー・サドラーに教えたが、モッラー・サドラーはのちに存在のほうを重視する「存在の本源性 aṣālat al-wujūd」を唱えるに至ったからである。そのことは『存在認識の道』に書かれている。

かく言う私自身にしても、若年の頃には、本質こそリアリティーであり、存在は心の措定した抽象的基盤にすぎないという考え方の熱烈な支持者だったのだ。

だがついに神の導き手が私に差し伸べられ、（存在の実在性が）確固不動の証拠を以て示された。その時始めて、（存在の）真相は、一般に哲学者たちが考え、確言するところと正反対であることがありありと私の心眼に映じたのであった。

　思えばまことに有難いことだ。神が直観の光を以て私を妄念の暗黒から引き出し給うたのだ。それまで私の胸に重苦しく覆いかぶさっていた疑惑の黒雲は吹き払われ、真理の太陽の暁光が心の地平に射しそめた。神の尊い配慮によって、私は現世においても来世においても永劫に揺ぐことのない確固たる見解にどっしりと腰を据えるに至ったのだ。[*20]

　神の導きに触れながら、本質の重視から存在の重視へという正反対への転換が行われたことが端的に述べられている。ここに示されているのは、主観と客観の対立に基づく認識ではない。神秘直観と呼ぶべき実在性の直覚であり、この直観を基礎とし、そのうえに組み立てられるのが神秘思想であり神秘哲学である。

　イスファハーンでモッラー・サドラーは、シャイフ・バハーウッディーン・アーミリー（一五四六―一六二一）からも教えを受けた。神学者・法学者として当代の指導的地位に立つ人物であり、かれから宗教的学問、すなわちクルアーン注釈、シーア・ハディース、法学を学んだ。

　かくて当代一流の学者のもとで学問に精励したモッラー・サドラーは、国際色豊かで学術研究の中心であったイスファハーンを離れ、カハクという小さな村でおよそ十年間にわたって隠遁生活を送ることになる。才能ある学者に対する圧迫を避けるためであったか、あるいは瞑想にふけるためであったか、その意図は定かではないが、この時期の体験が彼の哲学を神秘哲学——神秘体験のなかで与えられる直観的洞察を論理的に表現した知識体系——にしたと考えられる。

その後隠遁生活から出たかれは、サファヴィー朝君主の要請、続いて州知事の要請に応えて、最終的には故郷で子弟教育および著述に専念するようになった。かれのほとんどの著作はこの時期に書かれたものとみられる。七回目のマッカ巡礼を終えた帰途、バスラで病没した。

存在と本質

モッラー・サドラーの哲学の鍵概念は「存在」と「本質」、そして「存在の本源性」である。かれはイスラームの神秘思想の伝統である直観的実在把握を、イブン・スィーナーに代表される哲学の論理性によって厳密に表現しようとした。「存在」や「本質」という哲学的概念の重視はイブン・スィーナーに淵源する。

モッラー・サドラーは、とくに先行する神秘思想との対比で、その「哲学者」としての面を強調されがちである。本書も部分的にその傾向を同じくしている。かれの弟子や後続者たちには、この哲学的局面を拡大解釈し、そこに専心して研究を推し進める一派もあった。そこではモッラー・サドラー自身が獲得した直覚体験や霊的な直観自体は引き継がれにくい。後続者には、かれのスコラ哲学的な議論を研究する者が多いような印象を受けるのも事実である。
しかし、かれの著作には、イブン・スィーナーから引き継いだ哲学議論を進めるための知識のほかに、イブン・アラビーから実在についての直観的把握の示唆を得たことをうかがわせる記述がある。筆者の領分は、こちらの神秘思想の局面にも着目してモッラー・サドラーを見ていくことによって、神秘的直観と哲学的推論の組み合わせの上に神秘哲学の成立を把握することであると考えている。

その神秘思想の先駆者であるスフラワルディーとイブン・アラビーから、モッラー・サドラーは「光」あるいは存在（ウジュードwujūd）すなわち核心的な実在性が、さまざまなレベルで自らの姿を顕現させることによってこの世界が成り立っているという神観・世界観（照明哲学および絶対者の自己顕現）を受け継いだ。

すると、直覚体験の内実は、モッラー・サドラーと先駆者との間で本質的な違いはないことになる。しかし、例えば霊感に満ちたイブン・アラビーの文章と異なるのは、ファルサファ（イスラーム哲学）の言葉を使って自らの思想体系を叙述していく点である。そこでかれが使う概念が「存在と本質」の組み合わせである。

例えば、いま目の前に一冊の本が置かれているとしよう。これを見て我々は「本がある（存在する）」と言うが、哲学者は哲学的にこの事態を説明するために、本というもの「本質《マーヒーヤ》」と、「ある」ということ「存在《ウジュード》」の、二つの要素があると分析する。

本の本質《マーヒーヤ》（それが何であるかという定義）は、とりあえず「文字の書かれた紙を綴じ合わせたもの」と考えていいだろう。「本質」の原語マーヒーヤ māhīya は「それは何であるか」という表現を抽象名詞化したものである。

本がここにあるという事態は、本の本質と存在との二つが結びつくことによって成り立つのであるが、実際にこの場所に「本がある」という事態を実際に現出するのはいったい「本質」なのか「存在」なのか、いいかえると、存在と本質のどちらが実在性をもっているのか、という問題に直面する。そしてスフラワルディーやミール・ダーマードは実在性を与えるものは「本質」であるとし、イブン・アラビーやモッラー・サドラーは「存在」であるとしたのである。イブン・アラビーは「存在」と「本質」を対置して考えているのかどうかは明確ではないが、実質的に存在を実在性の根源として論を進めているので、モッラー・サドラーと同じ立場にあるといっていいだろう。このように、存在《ウジュード》のほうが本質《マーヒーヤ》よりも根本的である、実在性をもつ、というのが「存在の本源性 aṣālat al-wujūd」という主張であり、モッラー・サドラーの哲学の核心の一つである。

「本がある／存在する」ということは、本という本質があって、それに存在という性質が付加されることで成立する、といえるかもしれない。しかし、その場合、本という本質が「あって」（存在して）、それに存在が付与されるということになり、「存在」が付与される前から「本質」は存在をもっているということになってしまう。これはおかしなことである。ただ、これは「存在」には二つの観点をみることができ、一つは概念としての「存在」であり、他は実在としての「存在」、存在するということを実際に引き起こすもの、としての「存在」であり、これを混同することから生じる。本質に存在が付与されるという意味があるが、「本がある」という事態を実際に引き起こすという実在の観点からいうと、それは逆になる。

モッラー・サドラーの立場からいえば、本質《マーヒーヤ》（それが何であるか）をどれほど正確にまた詳細に述べたからといって、それだけでは、現にここに本があるという事態は生じない。それに対して存在は、抽象的な概念などではなく、現にまのあたりに存在しているのだ、実在しているのだ、と明確に主張する。人間は本がある、机がある、犬がいる、などと何かに関係づけられた様態での「存在」は感知できるが、純粋な存在、本質と結びついていない絶対的存在、は主客を超えてすべてを包摂する一であり、対象的にとらえて論理的にそれを説明することはできない。我々の世界はその一なる実在が遍満しているのだ、という事態は自覚する以外にとらえることはできない。

なぜ存在のほうが重要なのか。本質をいくら探究しても存在が伴わなければ「そこに本がある」という状況は生じないからであり、存在のほうからいえば、存在は初めから〝ある〟ものであって、それこそがあらゆる個物の「いまここにある」という事態を支えているからである。本質の本源性の立場を捨て、存在こそ真の実在であるということの自覚をモッラー・サドラー自身、次のように述べている。

今にして考えれば、存在こそ個々別々の形においても真の実在であって、（唯一の実在である存在をかく個別的に限定するところの）本質は有無中間に定立された「不変の原型」にすぎず、それらは本当には未だ全く存在の匂いすらかいだことのないものである。こう考えれば、個々の事物の個別的存在は、いずれも真の（神的）光明、永劫不滅不変の存在の四方八方に拡散した光に外ならない。ただ、それら個々別々の存在の一つひとつに（存在限定者としての）様々な本質的性質が備わり、様々な理性的意味が備わっていて、それらの性質や意味がいわゆる本質となるのである。[*21]

「存在」と「本質」の対比を念頭に置いて読むなら比較的理解しやすい文章であるといっていいだろう。イブン・アラビーの文章からは文学的な比喩によって読者の理解を図ろうとしたことがうかがわれたが、モッラー・サドラーの場合は論理的展開を優先した文になっていることで理解がしやすくなっているともいえる。

「有無中間に定立された」とは、ちょうど前節でイブン・アラビーの自己顕現の段階論において「相対的（統合的）一性wāḥidiya」としてとらえたような領域――一者が多に至る存在展開の中間領域――に置かれた、という意味である。相対的一性の領域では、まだ存在には至っていないが潜在的な内部分節が準備されており、それが「不変の原型」にあたる。絶対的一者たる存在《ウジュード》は目に見えないが、それが本質《マーヒーヤ》というそれ自体では実体をもたない概念の、いわば有と無の中間にある枠を通過して、有／存在の世界に顕れ出たものが、例えば個物たる一冊の本であり、そこで初めて私たちはそれを目で見ることが可能になるのである。そして存在《ウジュード》そのものは「永劫不滅不変」と形容されている。「光明」「四方八方に拡散した光」とは、いかにもスフラワルディーの照明哲学を受け継いだ思想家らしい表現であろう。そして、「存在限定者」とは本質《マーヒーヤ》が意味によって個物を限定するものであることに注目した表現である。

流出論的神秘思想との比較

これをイブン・アラビーのいう神的自己顕現、およびスフラワルディーの照明哲学の考えかたと重ねてみよう。モッラー・サドラーのいう本質は、「顕現の場」（イブン・アラビー）、「偶有的な光」（スフラワルディー）にあたり、存在は、そのまま「存在」「自己顕現者」（イブン・アラビー）、「光のなかの光」（スフラワルディー）にあたる。あらゆる個物が（本質とともに）あるという状況は、絶対者が「自己顕現の場の受け取り能力の違いに応じて」さまざまな似姿をとること（イブン・アラビー）、光の強弱によって薄暗い実体や闇的な態様などさまざまな存在者が生じてくること（スフラワルディー）にあたるだろう。

この三者の世界観に共通しているのは、一なる絶対者、あるいは存在そのもの、光のなかの光と呼ぶべきものがまずこの世界には遍満していること、そしてそれが足がかりを得て何らかの形をとったとき、はじめて目に見える形で姿を顕すのだと考える、存在の形而上学と呼ぶべきものである。

それがアリストテレスの哲学と違う点があったとすれば、そのもっとも顕著なものは、絶対者、自己顕現者、真実在、そして「存在」という、あらゆる感覚的把捉を超えた「一者」を、神という観念になぞらえて理解したというところであろう。

この理解そのものはイスラームに伝えられる以前の新プラトン主義的アリストテレス理解のなかで生れたものである。しかし、アリストテレスの理解がこのような変容を被ることで、イスラームでの受容が容易になったと考えられる。一者からの流出は必然的な過程として考えられ、イスラームの神は自らの意思によって世界を創造する。この二つの考え方は決して簡単に調和させることのできるものではないが、どちらも一なる絶対者を最上位に措定し、そこから多なる世界が作り出されるという大枠において、新プラトン主義的思索とイスラームの神観とは共通するものをもつ。このような親和性があったからこそ、イスラームの神秘主義の流れのなかで、イブン・アラビーやスフラワルディー、さらにはモッラー・サドラーなどの神秘思想が盛んに論ぜられたのだということができる。

本書をここまで読んでこられた方には自明のことであるが、神秘哲学というものは、一般人に理解不能のあやしげな議論をする哲学ではない。表現される哲学そのものは哲学的記述として厳密な論理性を要求されるが、その議論の出発点に、対象を認識する通常のやりかたでは把握できない種類の、直覚による実在性の把握を置く哲学のことをいうに過ぎないのである。

無限定な存在《ウジュード》の多様な自己顕現《タジャッリー》tajallīという考えかたを日本に広めようとした先駆者は間違いな

く井筒俊彦である。かれの表現を借りれば次のようになる。

我々は目の前に咲いている花を見ると、「花がある」という。通常この「花」は主語であり、主語に従属する属性として「白い」「きれいだ」などがその述語になるが、「ある（存在する）」という語も通常は述語になりうる。つまり「花が存在する」となる。これが普通の表現であろう。

しかし実在の様態に沿って考えると、本当は表現が逆になる。モッラー・サドラーが言うように存在《ウジュード》のほうが本源的なのであって、花や人や石は実在の観点では未だ存在していないそれを主語として立てることはできない。他方、「存在」はそれ自体実在しているものであるから、主語として立てることができ、それがさまざまな「本質」によって限定され、花、人、石などが姿を現す。それゆえ、実在の相で表現するならば、「存在が花する」と言われるべきなのである。

無限定な「存在」そのものが、花というかたちに凝り固まる。その結果「そこに花が存在している」という状況が生じる――実在のありように忠実に言うならば「花が存在する」のではなく「存在が花する」のであって、そのようなかたちで世界のありとあらゆるものは出来上がっているのだというのが、存在一性論を血肉化した井筒の言葉である。[*22]

絶対的な一者、存在《ウジュード》が根本になっているということを、議論や推論によって証明することは不可能である。それはあくまでも直観によってしか把握されない。こうした一つの直観的理解に基づいて組み立てられていく哲学が神秘哲学であることは筆者も前述した通りである。

モッラー・サドラーの思想の重要な源流となったイブン・スィーナーには、空中浮遊人間 insān

muʻallaq論という思考実験がある。空中に吊り下げられ、五感を働かせる余地が一切なくなってしまった人間は、自意識をもてるのかという問題である。本来は自分が行為を起こし、それに対する周囲の反応があってこそ「自覚」をもつことができる。しかし右のように周囲の反応が得られない状態であっても、自らに対して自覚（自分が在るという認識）をもつことはできるのだと結論づける。*23

イブン・スィーナーの右の議論も、ある意味では「存在」がすべてのもとになっているという直覚的な理解が可能にしたものである。イスラームにおける哲学の大成者として神学者などから強い批判を浴びているイブン・スィーナーではあるが、一元論的世界観としての性格をもった神秘哲学として理解することも十分に可能であろう。

実体運動説とは何か

モッラー・サドラーの哲学の独創的な点の一つに、実体運動説というものがある。実体運動説とはアリストテレス哲学で提示されている十の範疇《はんちゅう》のなかの実体jawhar/substanceの範疇に属すものに運動がある、という議論である。

一般の哲学者たちは実体の範疇に運動があるという見解をとらない。イブン・スィーナーも実体運動説を認めない。アリストテレス自身は量、性質、場所の三つの範疇にのみ運動を認めている。

例えば、実体としてひとりの人を考えよう。その人が家から駅まで歩くとすると、その人は家から駅まで運動した、ということが言える。しかしそのようなことが言える条件として、家を出た人と駅についた人が同一の人でなければ、その人が運動したとはいえないだろう。もし家を出た人が駅に着いたときには別人になっていたとするならば、人が変わってしまっているので、その人が駅まで歩いたということはできない。家から人が出、駅には人が着いた、というだけである。

このように運動、変化というものが実体に起こりうるとすると、すなわち、実体そのものが変わってしまうと、その実体について述べた、あるものの量の増減、色の変化、場所の移動など、その実体の同一性が維持できなくなるため、その実体にそういう変化が起きたとはいえなくなる。そのために実体には運動はないとするのが哲学における一般的な見解である。

モッラー・サドラーはその見解を否定し、あえて実体の範疇にも運動はある、と主張した。その根拠は、人間の魂が多様な可塑性をもっていることである。すなわち、人間の魂は植物や動物の魂の段階を経て、人間や天使の段階にものぼることのできるものである。このように自由に姿を変えることができるのは、不断に顕現を繰り返す存在の流動そのものに人間の魂を置くことで、一瞬一瞬に新たに作り替えられていくことが可能であるからである。そのためには、運動を拒む実体というような固定的なものを想定することはできない、ということであろう。

人間の魂 nafs は「それ性 huwīya」（個別的実在性）について決まった地位をもっていない。また、決まった地位をもっている自然的ṭabīʻīya、心魂的nafsīya、知性的ʻaqlīyaな存在物のように、存在について具体的な階位darajaをもつことがない。むしろ人間の魂はさまざまな段階や階位をもっており、また先行するまた後行する存在様態をもち、それはどの段階、どの世界でも別の形相をもっている。ちょうど以下のように言われるように「わたしの心qalbはどのような姿形も受け入れる。ガゼルの牧場となり、修道士の隠遁場となる[*24]」。

この引用の最後に、前節の最後で触れたイブン・アラビーの詩を取り上げ（この箇所自体では詩の作者が誰であるかは述べていない）、人間の魂がさまざまに変容して完成を目指して進む存在であり、その各段階で実現する様態は固定的なものではないというのである。実体運動説というとなにやら仰々しい理論のように見えるが、内実は人間の魂が自由に変転して絶対者への帰還という完成を目指して進むことを理論的に支持する議論なのである。

モッラー・サドラーの目指したもの

空中浮遊人間論などのイブン・スィーナーの哲学的な議論はモッラー・サドラーにとってすでに五百年以上も前の事実であり、すでに学問世界に積み重ねられた知見の一部にすぎなくなっていたことであろう。哲学はモッラー・サドラーにとって学問的常識であり、それを惜しみなく使ったうえで、万物の根源としての「絶対者」と、「神」というものを含めた統一的な哲学体系を構築しようとしていたものと思われる。

そうである以上、イスラームの神観をその体系に組み込むことは、まったく自然な過程であった。そして、その神観がイブン・スィーナー以来の神秘思想家・哲学者たちの系譜上のものとして一元論的な性格を強くもっていたことは右に見てきた通りである。根源としての「絶対者」からのさまざまな顕現、モッラー・サドラーの言葉でいえば「永劫不滅不変の存在」から「四方八方に拡散」するという方向は、絶対者からの個物への流出という方向性をもつ。

モッラー・サドラーはさらに考えを進めて、個物から絶対者への回帰、ひいては円環という方向性についても理論化を行った。かれは人間の「霊魂 nafs」について、それを身体という物質的な「自然 ṭabī'a」を出発点に純粋な「知性・理性 'aql」の世界へと向かう中間段階のものとしてとらえ、そのような三段階論において霊魂の目指す「最終目標 al-ghāya al-ākhira」を議論している。

かれは『真知をもつ者たちの霊薬』[*25]において、人間の霊魂がどのようにして本来の場からこの現世での姿を取るようになったか、またどのようにしてそこを脱して霊魂の完成を実現するかを述べている。

精神的完成を目指す霊魂の旅路は、霊魂がその本性にふさわしいあるべき場（来世）に向かうことであり、その場とは、この可視的世界の内奥にある不可視界である。そこで実現される「根源的状態」とは霊魂が原初に保有していた状態である。

既述の通り、あるものの完了とはそれが進む道筋の最後に実現し、そしてその天性にふさわしく本性に一致する根源的な状態である。この最後の状態以外のどの状態もその本性から異質であり本来的なものではない。〔略〕ものはそれが最初にもっていた性質へ最終的には戻るのである。根源的状態はその本来のあり場でのみ実現するのであり、霊魂の本来のあり場は、この世界の内面かつこの可視的〔世界〕の不可視界である、「来世」である。それは人間の霊魂の世界、その原郷、その真実に戻り行く場である。そこに到達しない限り、霊魂は決して休息もせず、安住することもない。

可視的世界の存在はその内なる不可視界に基づいている。霊魂はこの現実世界を支える、背後の内なる、霊魂の原郷である不可視界へ向かっていく。モッラー・サドラーにとって本源的状態の実現という人間の目指す終極ghāyaとは人間の霊魂がそこからやって来た原点に戻ることである。その原点となる世界は、「唯一性」と「包括性」の世界だという。

終極ghāyaの真知は始源の真知に結びついている。既述の通り、いかなるものの始源も真実においてそれの終極そのものである。これもまた述べたことであるが、始源と終極とは存在物の世界からより高く、より離れると、それだけ唯一性al-waḥdaと包括性al-jamʻīyaの方面へ近づき傾く。一方、それらが〔存在物の世界に〕より接近しより下降すれば、それだけ両者は多様性へと分裂へと急ぎ、執着の深淵へと入り込むのである。

霊魂がそこから下降し外化khurūjする超越的な始源は、別の箇所で明白に述べられているように「神的唯一性と神的名前の包括性の世界」であり、右の引用で述べられている「唯一性と包括性の方面」とはすなわち神の世界そのものを指している。[26]

人間の霊魂はこの神的唯一性、包括性の世界を目指して、多様で分裂した現実世界から進んでいく。

人間が自らの実在を真実ならしめる方ḥāqq ḥaqīqati-hi〔すなわち神〕へと戻り、根源的資質al-fiṭra al-aṣlīyaによって彼に現れていた彼の唯一性の領域へ帰り、対立の世界と多数性の次元とから解放されると――これは力と完成を獲得し能動理性に到達することによるのであるが――、そうすると物質的な欠陥や覆いが彼から脱落し、質料的束縛が取り除かれる。

このように霊魂が留め置かれている現世は、多様性、多数性、分裂、対立の物質的存在の世界であり、これと対照的に霊魂の原郷は唯一性、包括性の超越的世界なのである。

この現実の世界に下降する以前は、人間はその根源的資質を通して神的な唯一性の世界に属していたのである。人間は他の動物と異なり、「その根源的実体al-jawhar al-aṣlīに於て、最高の世界へ上昇する潜在的能力を有している」と言われるように、神的世界とのつながりをもっている。神的世界とつながるこの人間の本来的な姿は、人間独自の特徴であるその思考力al-qūwa al-fikrīyaのなかに見られるのである。

人間の霊魂は本来、神のうちに存在していた。そしてそこから下落し物質界に取り込まれた。モッラー・サドラーはその原因をアーダムとイブの原罪に見たり、病気と同様に「中庸」のとれた状態から逸れてしまったことに見たりしているが、いずれにせよ、根源的な純粋な状態から「下落」したものであり、落ちた物質界のなかで思考能力の十分な発展を鍵にして再び神的世界へと戻っていくという。そして、現状を超脱するための知識を与えるのが預言者であり、かれらの伝える聖典であるとするのである。

ここで言う人間の霊魂が「死後の魂」を意味していないことは明らかだろう。人間の霊魂は、こうしている今もまさに、この物質世界、今生においてその状態を抜け出て原郷へと向かうべく、身体という物質的な自然ṭabīʻaから解放され、上昇して知性（理性）ʻaqlの世界へと向かおうとしているのである。*27

註

＊1 イスラームにおける新プラトン主義者としては、イブン・スィーナーより少し前のファーラービー（八七〇頃―九五〇）も重要である。むしろかれの流出論はイブン・スィーナーの先駆ともみられている。イスラーム哲学への新プラトン主義の影響はきわめて大きく、その影響を受けない哲学者の方が珍しい。イブン・スィーナーの哲学の新プラトン主義的な要素を排除しようとしたイブン・ルシュドがイスラーム世界に影響をもたなかったのも、この問題が関わっているように思う。

＊2 否定的な意味を込めて「排他的」と表現するわけではないことは断っておきたい。あくまで、一対一の関係に限定されるという意味である。

＊3 Jalāl al-Dīn 'Abd al-Raḥmān al-Suyūṭī, *Kitāb al-Itqān fī 'ulūm al-Qur'ān*, ed. by Muḥammad Abū al-Faḍl Ibrāhīm, al-Qāhira, n.d., vol.4, p.102. なお、このハディースは al-Tirmidhī, *Sunan al-Tirmidhī*, Vaduz, 2000, vol.2, p.732, No.3153にある。

＊4 こうした見方が、第二章で述べた〝解釈学的〟態度を生んでいると見ることも可能であろう。

＊5 E・サイード（一九三五―二〇〇三）が提起した問題意識。西欧に比べて遅れて劣った文化であるとみる視線や、エキゾチックな興味本位の好奇心から発する視線の対象として「オリエント」世界が作り上げられたことを文学研究を通じて主張し、西欧中心主義を告発し批判する根拠となってその後の諸学問に大きな影響を与えた。

＊6 類似はあくまで構造的なものにすぎない。仏性とは悟りを得る可能性であって、神性を帯びてはいない。

＊7 al-Suhrawardī, *Ḥikmt al-ishrāq*, ed. by H.Corbin, in *Opera Metaphysica et Mystica*, Tihrān, 1952, vol.2. 以下の本書での引用は一〇六頁から一〇八頁にかけてのものである。なお、英語訳との対訳のテクストも刊行されている。al-Suhrawardī, *The Philosophy of Illumination*, tr. by J. Walbridge & H. Ziai, Provo, 1999.

＊8 イブン・アラビーによるこの引用はクルアーン十七章「夜の旅」二十節である。

＊9 Ibn 'Arabī, *al-Futūḥāt al-makkīya*, Bayrūt, n.d., vol.1, p.287 (cf. William C. Chittick, *The Sufi path of knowledge*, Albany, 1989, pp.91–92).

＊10 同前。このあとの引用も註記のない限り同様とする。

＊11 Ibn 'Arabī, *al-Futūḥāt al-makkīya*, vol.3, p.282 (cf. Chittick, *The Sufi path of knowledge*, p.104).

＊12 同前。

＊13 この傾向をイランでどのように考えているか、興味深い論考が以下にある。藤井守男「神秘哲学の越境性への視座：現代イランにおけるイブン・アラビー派「存在一性論」理解をめぐって」『総合文化研究（特集：越境性のアポリア）』第七号（二〇〇三年）五四―六七頁。

＊14 柳宗悦「宗教哲学の再建」（一九二三年）、『柳宗悦全集』第三巻、筑摩書房、一九八一年、四一五頁に英語で引用、和訳を付している。この柳宗悦のイブン・アラビー言及は若松英輔氏の教示による。記して謝意を表す。引用元は以下であろう。R. A. Nicholson, *The mystics of Islam*, London, 1914, pp.165–166.

＊15 R. A. Nicholson, *The Tarjuman al-Ashwaq*, London, 1911, pp.19, 67.

＊16 ハビーバ中田香織・ハサン中田考編著『やさしい神さまのお話』ムスリム新聞社、二〇一四（二〇〇八）、一〇三―一〇四頁。これはオスマン帝国時代のイブン・アラビーの学統に連なる学者ナーブルスィーの小品を日本語で敷衍訳したものであるが、内実は日本語で著されたイスラームの神秘主義の作品といっていいだろう。

＊17 仮に、現代世界の支配的な価値観が欧米のものではなく、イスラームのものであったとしたら当然この「独自の」という形容はふさわしくないものとなっていただろう。

＊18 モッラー・サドラー著／井筒俊彦訳『存在認識の道――存在と本質について』岩波書店、一九七八年。

＊19 須藤和夫訳「存在と本質について」上智大学中世思想研究所編訳／監修『中世思想原典集成14 トマス・アクィナス』平凡社、一九九三年。

＊20 Mullā Ṣadrā, *Kitāb al-Mashā'ir*, ed. by H. Corbin, Paris-Tihrān, 1964, p.35, Sec.85. 訳文は前掲『存在認識の道』一一六―一一七頁。

＊21 前掲『存在認識の道』一一七頁。

＊22 「イスラーム哲学の原像」『井筒俊彦全集』第五巻、慶應義塾大学出版会、二〇一四年。存在と本質の問題については『存在認識の道』の井筒による解説、また彼の *The Concept and Reality of Existence*, Tokyo, 1971 参照。

＊23 Ibn Sīnā, *al-Ishārāt wa al-tanbīhāt*, ed. by S. Dunyā, al-Qāhira, 1959, vol.2, pp.343f. なお、小林春夫「イブン・スィーナーにおける『自覚』論」『オリエント』第三十二巻第一号、一九八九年、二〇―三二頁を参照。空中人間浮遊論はデカルト（一五九六―一六五〇）の「われ惟（おも）う、故にわれ在り」を数百年先取りしていたとも言われる。

＊24 Mullā Ṣadrā, *al-Ḥikma al-muta'āliya fī al-asfār al-arba'a*, ed. by 'Alī Akbar Rashād, Tihrān, 1383AHs, vol.8, p.398.

＊25 鎌田繁『モッラー・サドラーの霊魂論――「真知をもつ者たちの霊薬」校訂・訳注並びに序説』イスラム思想研究会、一九八四年。以降の引用はすべてこの本からのもの。またMullā Ṣadrā, *The Elixir of the Gnostics*, ed. & tr. by W. C. Chittick, Provo, 2003 参照。

＊26 厳密に言えば、ここでは「名前」という語が使われていることからもわかるように、それは超越的一性・絶対的一性ではなく、統合的一性の次元を指している（前節参照）。

＊27 自然―霊魂―知性という三分説は彼の宇宙論にも関わり、その綜合性において彼の思想を独創的ならしめる重要な柱の一つである。

おわりに

宗教を理解するということ

「宗教はその信者にしかわからない」という主張に一定の説得力はあるだろう。とくに日常実践を重視するイスラームにおいて、その妥当性は小さくない。

しかし反論の余地がないわけではない。そもそもある宗教を「理解したい」と思うのは、その信仰の外に身を置く者である。信仰を「外側から理解する」ことは、それ自体ではまったく批判されるべきことではないだろう。どのような宗教も、ある地域では多数派の地位を占めているとしても、地球規模で見ればすべて少数派である。その意味で、その宗教の立場には立たない者がその宗教をいかに理解するかという問題はその宗教にとっても決して無視できるものではないだろう。とはいえ、宗教という、厖大な数の人びとがそれに至上の価値を認めているような知識の体系を把握しようとするとき、その方法論の選択には意識的にならざるをえない。

ムスリムでない筆者がイスラームの研究をつづけるなかで、それほど意識的ではなかったにせよ心がけるようになってきた方法、あるいは研究態度、がある。それはムスリムもそうでない者も一緒に学んだ留学中の体験や、あるいは国外の学会その他での同様の出会いのなかで自然に生れたようなものかもしれないが、きわめて単純なことである。それは、イスラームに接近するうえで、ムスリムの自己理解を重視するという姿勢である。つまり、ムスリムが自らの信仰をどう理解しているかを把握するという態度である。これは、かれらのいうことがすべて正しいということではない。ムスリムの思想家が残したテクストを自分なりに読み、そこで考えたことを論理的に表現すれば、それをきちんと受けとめる研究者(ムスリムであっても、そうでない場合でも)はいる、ということである。本書はムスリムの自己理解を、神秘主義と呼ばれる思索の系譜に着目して追跡してきたつもりである。

ムスリムによるイスラーム理解、ひいては神をどうとらえるかという神観は、かれらの〝主観〟であるとも言えるが、かれらがそれについてかれらなりに考えたもの、なかでもイブン・アラビーやモッラー・サドラーという、おそらく数百年に一人出るか否かという知的巨人たちが思索し、書き残した言葉に向き合うことで、それを自分なりに再確認してゆくことが私の研究(そんなものは研究ではないといわれるかもしれないが)である。

日常的な実践と内面的な思索

イスラームとは、神の意思に従って生きることである。イスラームの多様な営み、行動面のものであれ、内心面の知的なものであれ、あらゆる営みはすべてここに帰っていくはずである。神は唯一であることと、ムハンマドはその使徒であり、クルアーンは神の言葉をそのまま伝える書物であること。これらを受け入れ、それに基づいた実践を行うのがイスラームである。逆に言えば、この三つの点のどれかが十分に考慮されていなかったりすると、それはイスラームの周辺的な様態、あるいはそこから外れたものとされる可能性が高くなるといえよう。

イスラームに多少知識がある人なら、ムスリムが日常的に五行と呼ばれる実践を始めとして生活の全体におよぶ行動規範をもっていることを知っているだろう。そのような日常的な実践を行うことは、イスラームの本質の一部をなすものであり、例えばそれはユダヤ教と共通する性格をもつ一方、キリスト教とは基本的に共有されないものであることを本文でも述べてきた。

そうした外面的な実践に飽き足らない人びとがムスリムのなかにもいたのである。その一部は、神とはどのような存在であるのかを合理的に追究し、すでに八世紀に、初期のカラーム（神学）を形成し始めた。ギリシアの学術を通して哲学の考えを知り、その立場から存在の究極を考えた者もいる。また別の人びとは同時期に、外面的なイスラームを支えている内面の究極的な実在を探求する方向へ向かった。スーフィーと呼ばれた人たちのなかに、神秘家的な言動をなす者が現れ、神とどう向き合うのか、ひいては神学などとは別の角度から、体験知の次元で神とはどのような存在であるのかを追究し、それを詩的な言語を交えつつ表明するようになったのである。

かれらは、外面的なイスラームが究極的な実在から派生したものであることに疑いはもたなかったが、究極的な実在を直観する体験を経て、その体験の価値を外面的な実践に劣らぬ位置にまで引き上げ、信仰の内面を充実させる結果を引き出したということができるだろう。

このような神秘家の言動は、ときに極端なものを生み出しながら一つの流れをなし、イスラーム社会の多様性のなかで、民衆や権力者の支持のもとに存続し、イスラームの知的体系のなかに位置を得て、現代まで続いてきた。

スーフィーの実践に淵源する神秘主義、神秘思想と呼ばれる思索の流れについては、その命名のせいもあって誤解も含めた非常に幅広い解釈がなされてきた。しかし、この流れに属する思想も、神の唯一性の認識をはじめとする右に述べたイスラームの〝条件〟に、いささかでも反する性質をもつものではない。むしろ思想家がすぐれた知性をもってそれを突きつめ――近世まで世界を代表していた文明圏においてそれまでに蓄積されてきた、普遍性をもった知的財産と総合するかたちで――「イスラームの論理」として表現してきたものである。イスラームを、その外面的な行為でなく内面から理解するうえでもっとも有用なのは、かれらの思索であると筆者は考えている。

歴史の示すもの

神の唯一性、ムハンマドとクルアーンの尊重という条件さえ満たせば、多様なイスラームの世界を、

「イスラームは一つである」と表現することも可能である。それならば、これらを満たす信条をもつ人びとが、暴力的手段によって周囲の世界を攻撃し人命を損傷しても、その一派はイスラームであると言えるのであろうか。

イスラームや神《アッラー》の名を用いながら他者への攻撃を合理化する人びとの出現を、現代の世界は幾度も経験している。異なる立場でイスラームを実践する人びとは、そうした事態に対して、強い反発と深い憤りを示すとともに、イスラームを誤解させまいとの意思から、「あれはイスラームではない」という表明を繰り返し行ってきた。筆者はそれに反対する意思をもたない。ムスリムとしてはその切実な言葉に思いが尽きるであろう。

イスラームの歴史を遡っていけば、これまでにさまざまな宗教運動が生れてきたのがわかる。図式的な整理が施されている場合が多いが、イスラームの分派学の文献を見れば、イスラームの流れのなかでありながら、微妙なあるいは大胆な見解を提出したグループはいくつかあった。その一つに、本書では取り上げなかったが、ハワーリジュ派という七世紀に生れたグループがある。彼らは信仰の意味を考える際に「行為」の役割を重視し、きわめて厳格な倫理性を主張した。正統カリフ（ハリーファ）四代目のアリーが後にウマイヤ朝を創設するムアーウィヤと戦うなかで、ハリーファとして戦っているという大義名分がありながら、刃向かうムアーウィヤと和睦《わぼく》を結んだことに反発し、アリーの陣営から出ていった者たちがいる。かれらはアリーの行為を不信仰であるとし、かれらの手によってアリーは暗殺された。自分たちの信ずる考えに口頭で従うだけではなく、その考えが実際の行為に移らなければ不信仰であるとするものであり、イスラームにあって信仰の概念を考えるうえで、「行為」の問題を提出した宗教運動として大きな意義をもつ。

しかし、人間は、目標が正しいからといって現在の安穏な生活をなげうってまでその運動に挺身《ていしん》するような者ばかりではないし、俺の仲間にならないのは不信仰だから殺す、という人たちとはやっていられない、と思う人たちも多いだろう。このような過酷とも言える厳格な倫理性の主張は、その主張の明晰さから人びとの注目を集め、それなりの運動にはなるかもしれないが、多くの人には迷惑がられることになるであろう。ハワーリジュ派は最終的には社会の大勢に受け入れられずに、姿を消していく。現在もこの派の末裔《まつえい》であるグループは存在する。しかし、このグループの教義や実践はスンニー派の一般的なものと区別ができないほどに変質している。これが歴史である。

イスラームには一般的に教義を正統であるとか異端であるとか決定する機関は存在しないので、何が正しい考えであるかは、時間が経ってもなお人に受け入れられているのかどうか、にかかっている。人びとの支持を得られない考え方や実践は時代とともにやがて姿を消す、あるいは変質していく、これがイスラームという宗教のあり方である。イスラーム法学ではクルアーン、預言者のスンナ（範例）に次いで、イジュマー（共同体の合意）を法源に数えるが、これは、さまざまな見解が出されるあいだに、やがて皆に承認される考え方が残り、それが合意を得たものとして法源になる、という考え方である。

このような歴史から現代を見れば、そこに映し出されたさまざまな宗教運動も、最終的には時間が経つことによってなんらかの解決をみるであろう。いつか実現するであろうその解決が、イスラームの知のよき発現であることを信じたい。

これからのイスラーム

ムスリムの置かれている状況はさまざまである。とくに近代以降、西アジア、北アフリカを中心とする伝統的にムスリムが集中している地域は西欧の植民地支配を受け、不自然な形で分断された。第二次世界大戦後は欧米の支持のもとイスラエルが建国され、パレスチナ在住の多くのムスリムやキリスト教徒が難民化した。この余波として逆にイスラーム諸国に昔から住んでいたユダヤ人がイスラエルや欧米に亡命せざるを得ないような事態を生んだ。

また石油資源の存在は経済的に豊かな国と貧しい国の格差を広げた。豊かな国のなかにも出稼ぎ労働者など、その富にあずかることのできない者もいる。欧米はまた自己の都合で独裁政権を援助し、内発的な民主的要求を無視したりもしている。ある意味で世界の矛盾が集中的に現れた地域であるともいえるだろう。豊かな生活を願って欧米に移っても期待していた生活はできず、不当な差別を受けていると思い、鬱屈《うっくつ》した日々を送る者もいる。もちろん逆に、自由にものが言える欧米で、伝統にからめとられた地域を離れて、あるいは新たにイスラームに目覚め、伝統にとらわれない形でのイスラームを考え、発信する者もいる。

おそらく現代ほどムスリムの置かれた状況が多様な時代はなかったのではないか、と思う。このような時代であればこそ、さまざまな立場からのイスラームについての提案がなされるであろう。現代世界の対立抗争を押しつけられているような面もあり、そのような状況のなかでの思索や行動が過激な方向に走るのはやむを得ないようにも思える。ムスリムにとって苦難を耐えることは一つの美徳である。しかし勧善懲悪のために起つことも正しい行動とされる。現在の状況を見、聖典の言葉や先例を考慮しながら行動に移るなかで、暴力的な型をイスラームに導入しようとする考えも出てくるかもしれない。これが本当に人びとの心をつかんでいるのであれば、広がるであろうし、それに恐怖を感じて遠ざかりたいと思う人が多くなれば、ハワーリジュ派のようにやがて力を失っていくであろう。

イスラームの伝統の薄弱な欧米など、そこに日本も含まれるであろうが、そのような地域にあっても、生活実態にあわせてイスラームを考えようとする者から、伝統的なイスラームの生き方を社会との衝突を意に介さずに実践しようとする者まで、対応の仕方は多様であろう。もちろん、イスラームの強固な伝統をもつ地域であれば、伝統の中心としてつねに参照される役割は担うであろう。しかしながら、現代という時代はおそらくそのような伝統を一度括弧にいれて見直さなくてはいけないような大きな変革の時期である。暴力的な変革を主張するグループが現れるほど、現代は大きな問題に直面しているのだ、ともいえるだろう。かれらの消長は最終的には時間の叡智に任せるしかないが、この現代でイスラームが向かう新たな方向が考えられるとするならば、イスラームの長い大きな伝統にとらわれている地域ではなく、イスラーム以外の文化と大きく接触していてイスラームをより広い文脈のなかで考えることのできるような地域での、ムスリムの思索に期待したいと思う。過去の伝統のしがらみがすくないだけに、それだけ自由な思索が可能になるのではないか、ということである。

イスラームが大きく展開した時期としてアッバース朝（七五〇―一二五八）の初期が考えられるが、これはイスラームがアラビア半島に局限されていた時代からバグダードという国際的な都市をつくり出し、そこを中心にしてギリシア、ペルシア、インドなど外来の学術文化を熱心に取り込むようになった時代である。外の文化と触れ合い、さまざまな影響を受けることが文化の成長につながるのは、時代、地域を問わずいえることであろう。現代の混乱した状況の先にこのような展望をもつことも可能ではないかと思う。

神秘思想と現代

人間は果たして「進歩」しているのか、と疑問に思うような、対立抗争がしばしば血なまぐさい情景とともに生れているのが現代である。ムスリムの世界でも例外ではない。このような現代にあって、過ぎ去った時代の神秘思想をもちだしていったいなんの役に立つのであろうか。残念ながら直接的にはなんの役にも立たないであろう。もっとも私は、役に立たないからこそすばらしいのだ、ともいいたい。「役に立つ」かどうかという狭い観点にとらわれずにものごとを見ることを可能にするという意味で、「役に立たない」ものの意義は計り知れないものがあるからだ。計り知ることができないため、洞察力のない者には切り捨てることしか考えられないかもしれないが。

イスラームは現在に至るまでさまざまな思想を残している。そのなかで形式的なイスラームの法とは異なる自由な発想が可能であるために、神秘思想は興味深い視点をいくつも備えているといえるだろう。法は神が啓示したクルアーンの言葉や預言者の言葉に基づいて学者たちが思索をすすめて体系化したものであり、出発点は神の言葉であり、別の言い方をすればイスラームの神として顕現した絶対者が残した言葉である。

しかし、神秘思想にあっては、顕現する前の絶対者をも視野に入れて議論をすることができる。もちろん、そのような議論はイスラームの議論ではないと一蹴することも可能かもしれない。たしかに、その議論の段階ではイスラームはまだイスラームとして顕現していないのだから。しかしながら、神の唯一性の議論を突きつめていくことで、第五章で紹介したような神秘思想の議論が生れてきたのも確かである。その章を読まれた方には理解されるところであろうが、イブン・アラビーの詩からは啓典の民の宗教のみならず、偶像崇拝を行う宗教までも許容するような、驚くべき寛容の論理を読みとることが可能である。その場合の根拠は「唯一にしてすべてを包摂する絶対者」であり「あまねく存在し満ち満ちている神性」であった。

イスラームが「一なる神」を奉じることは確かである。神の唯一性（タウヒード）を追求してきたのが初期の神学であり、中世の神秘思想・神秘哲学であった。そうした思索に一貫して底流していたのは「神はどこにいるのか」という問いである。〝いる〟という語がすでに不正確な表現であることを幾度か述べてきたが、いまは先に進めたい。

神がいる場所は限定されない。もっと言えば、神はどこにでも〝いる〟——正確には、すべての存在者が神的顕現である、というのが、イスラーム思想史を代表する知性が出した結論であった。現代の対立抗争という問題に寄せて表現するなら、神は〝わたしの背後にしかいない〟のではない。そうではなくて、神は「あまねく在る」、すなわち〝わたしにも、あなたにも、まったく別の人、別の物にも、すべての背後に（その存在の根源として）在る〟のであると捉えれば、現象としての対立抗争から融和へと向かう視点を確保したことになるのではないか。

第五章で取り上げた「わたしの心はどのような形姿も受け入れる。／ガゼルの牧場となり、修道士の隠遁場となる」と始まる詩をイブン・アラビーが着想した経緯は知る由もないが、手掛かりとなるようなクルアーンの句がある。

もし神が御好みならば、かれはあなたがたを一つのウンマ〔信仰の共同体〕になされたであろう。だがかれは、御望みの者を迷うに任せ、また御望みの者を導かれる。あなたがたは、行ったことに就いて、必ず問われるであろう。

（十六章「蜜蜂」九十三節）

またあなたの主の御心ならば、かれは人びとを一つのウンマになされたであろう。だがかれらは反目しあっている。

（十一章「フード」百十八節）

われは、あなたがた各自のために、聖《きよ》い戒律と公明な道とを定めた。もし神の御心なら、あなたがたを挙げて一つのウンマになされたであろう。しかし（これをされなかったのは）かれがあなたがたに与えられたものによって、あなたがたを試みられたためである。だから互いに競って善行に励め。あなたがたは挙《こぞ》って、神に帰るのである。その時かれは、あなたがたが論争していたことに就いて、告げられる。

（五章「食卓」四十八節より）

神にはできないことはなく、また間違いをおかすことはありえないので、人びとの信仰が別々になっているのは神の失敗などではなく、あえてそうしたものである。なぜか。それは皆が競って善行に励み、しかるのちに神のもとへ帰るためである。

このクルアーンの句からイブン・アラビーの寛容の詩が生まれ、モッラー・サドラーの霊魂論が生まれたと考えるのは、短絡的に過ぎるだろう。しかし、一なる神とは何かを追い求め、遍《あまね》く在る神という観念に到達した〝神秘〟の流れが、現代でもその意義を失っていないと言うことは、可能であろうと思うのである。

文献選

註に記載したものは原則として省略した。

池田修訳「イブン・カルビィー『偶像の書』」『東洋文化』第五十四号、一九七四年

井筒俊彦『イスラーム哲学の原像』岩波新書、一九八〇年

――『意識と本質――精神的東洋を索めて』岩波文庫、一九九一年

――『イスラーム思想史』中公文庫、一九九一年

――『アラビア哲学――回教哲学』慶應義塾大学出版会、二〇一一年

鎌田　繁「サッラージュの神秘階梯説」『オリエント』第二十巻第一号、一九七七年

――「サッラージュによるスーフィーの理想的生活について」日本オリエント学会編『日本オリエント学会創立二十五周年記念　オリエント学論集』刀水書房、一九七九年

――「ズィクルをめぐるイブン・アラビーの冥想」『宗教研究』第五十七巻第三輯（二百五十八号）、一九八三年

――「サドルッディーン・シーラーズィーの思想における霊魂（nafs）」『オリエント』第二十六巻第二号、一九八三年

――「ハディース編纂の初期の展開とズフリーの活動について」『季刊東西交渉』第二巻第四号、一九八三年

――「クルアーン第二四章第三五節（「光の節」）の神秘主義的注釈について」日本オリエント学会編

『日本オリエント学会創立三十周年記念　オリエント学論集』刀水書房、一九八四年
――「モッラー・サドラーの輪廻（tanāsukh）思想」『イスラム世界』二十三／二十四号、一九八五年
――「イスラーム神秘主義研究」『東京大学宗教学年報』第三号、一九八五年
――「シーア派の発展――モッラー・サドラーを中心にして」中村廣治郎編『イスラム・思想の営み』筑摩書房、一九八五年
――「イスラームにおける救済の前提――スンニー及びシーア・ハディースにおけるイマーム観」吉田泰編『救済の諸相』（宗教史学論叢2）山本書店、一九九〇年
――「イスラーム神秘思想における時間――モッラー・サドラーとシャムスッディーン・ダイラミー」日本オリエント学会編『日本オリエント学会創立三十五周年記念　オリエント学論集』刀水書房、一九九〇年
――「イスラームにおける他宗教の理解――イブン・ハズムの創世記批判」竹内整一・月本昭男編『宗教と寛容――異宗教・異文化の対話に向けて』大明堂、一九九三年
――「ハディース（新イスラーム講座（二））」『イスラム世界』第三十九／四〇号、一九九三年
――「神秘主義とシーア・イマーム論の出会い――ファイド・カーシャーニーの完全人間論」鎌田繁・森秀樹編『超越と神秘――中国・インド・イスラームの思想世界』大明堂、一九九四年
――「イスラームにおける内面への沈潜――神秘家クシャイリーの神体験」『季刊ＡＺ』第三十号、新人物往来社、一九九四年
――「イスラームにおける契約――〈原初の契約〉をめぐって」板垣雄三監修・竹下政孝編『講座イスラーム世界４　イスラームの思考回路』栄光教育文化研究所、一九九五年
――「イスラームと共同体」阿部美哉編『世界の宗教』放送大学教育振興会、一九九五年
――「不可知界への参入――モッラー・サドラーの聖典解釈」市川裕・鎌田繁編『聖典と人間』大明堂、一九九八年

――「注釈の革新――モッラー・サドラーのクルアーン注解」『文学』第一巻第四号、岩波書店、二〇〇〇年
――「イスラームの伝統的知の体系とその変容」東京大学東洋文化研究所編『アジア学の将来像』東京大学出版会、二〇〇三年
――「クルアーンとイスラームの諸思潮」池上良正・小田淑子・島薗進・末木文美士・関一敏・鶴岡賀雄編『根源へ――思索の冒険』岩波書店、二〇〇四年
――「〈原初の契約〉とイスラームの神秘家」三笠宮殿下米寿記念論集刊行会編『三笠宮殿下米寿記念論集』刀水書房、二〇〇四年
――「神秘主義の聖者とイマーム派のイマーム」赤堀雅幸・東長靖・堀川徹編『イスラームの神秘主義と聖者信仰』東京大学出版会、二〇〇五年
――「幸福と哲学者の営み――モッラー・サドラーの実体運動説の意味」『東洋文化（特集：イスラーム思想の諸相）』第八十七号、二〇〇七年
――「シーア派神秘思想とスーフィズム――その連続性とクルアーンの役割」小林春夫・阿久津正幸・仁子寿晴・野元晋編『イスラームにおける知の構造と変容――思想史・科学史・社会史の視点から』共同利用・共同拠点イスラーム地域研究拠点早稲田大学イスラーム地域研究機構、二〇一一年
――「『存在認識の道』――井筒東洋哲学を支えるもの」坂本勉・松原秀一編『井筒俊彦とイスラーム――回想と書評』慶應義塾大学出版会、二〇一二年
――「聖典解釈と哲学――イスラーム神秘思想の営み」『比較思想研究』第三十九号、二〇一二年
――「イスラーム神秘主義と流出論」市川裕編『月本昭男先生退職記念献呈論文集』第一巻、聖公会出版、二〇一四年
小原克博「一神教と多神教をめぐるディスコースとリアルポリティーク」『宗教研究』第七十九巻第二輯（三百四十五号）、二〇〇五年

ザルコンヌ、ティエリー著／東長靖監修『スーフィー――イスラームの神秘主義者たち』創元社、二〇一一年
澤井　真「ジュナイドの「原初の契約」におけるファナーとバカー」『オリエント』第五十三巻第二号、二〇一一年
上智大学中世思想研究所編訳・監修『中世思想原典集成11　イスラーム哲学』平凡社、二〇〇〇年
中村廣治郎『イスラムの宗教思想――ガザーリーとその周辺』岩波書店、二〇〇二年
ナスル、S・H著／黒田壽郎・柏木英彦訳『イスラームの哲学者たち』岩波書店、一九七五年
ニコルソン、R・A著／中村廣治郎訳『イスラムの神秘主義――スーフィズム入門〔改訂新版〕』平凡社ライブラリー、一九九六年
ムスリム編／磯崎定基・飯森嘉助・小笠原良治訳『日訳サヒーフ・ムスリム（預言者正伝集）』全三巻、日本サウディアラビア協会、一九八七－八九年

Baldick, Julian, *Mystical Islam: An introduction to Sufism*, London, 1989.
Corbin, Henry, *Creative Imagination in the Ṣūfism of Ibn ʻArabī*, tr. by R. Manheim, Princeton, 1969.
———, *En Islam iranien: aspects spirituels et philosophiques*, 4 vols., Paris, 1971–73.
Gramlich, Richard, *Schlaglichter über das Sufitum (Abū Naṣr as-Sarrāǧs Kitāb al-lumaʻ)*, Stuttgart, 1990.
Iqbal, Muhammad, *The Development of Metaphysics in Persia: A Contribution to the History of Muslim Philosophy*, London, 1908.
Izutsu, Toshihiko, *The Concept and Reality of Existence*, Tokyo, 1971.
———, *Sufism and Taoism: A comparative study of key philosophical concepts*, Tokyo, 1983.
Kalin, Ibrahim, *Knowledge in Later Islamic Philosophy: Mullā Ṣadrā on Existence, Intellect, and Intuition*, New York, 2010.

Kamada, Shigeru, "A Study of the Term *Sirr* (Secret) in Sufi *Laṭā'if* Theories," *Orient*, vol.19 (1983).

———, "Mullā Ṣadrā between Mystical Philosophy and Qur'ān Interpretation: Through His Commentary on the 'Chapter of Earthquake'," *International Journal of Asian Studies*, vol.2, no.2 (2005).

———, "Fayḍ al-Kāshānī's *Walāya*: The Confluence of Shi'i Imamology and Mysticism," *Reason and Inspiration in Islam: Theology, Philosophy and Mysticism in Muslim Thought: Essays in Honour of Hermann Landolt*, London, 2005.

———, "Mullā Ṣadrā's *imāma/walāya*: An Aspect of His Indebtedness to Ibn 'Arabī," *Journal of Islamic Philosophy*, vol.6 (2010).

Massignon, Louis, *Essai sur les origines du lexique technique de la mystique musulmane*, Paris, 1968.

———, *The Passion of al-Hallāj*: *Mystic and Martyr of Islam*, 4 vols., tr. by H. Mason, Princeton, 1982.

Molé, Marijan, *Les Mystiques Musulmans*, Paris, 1965.

Meisami, Sayeh, *Mulla Sadra* (Makers of Muslim World), London, 2013.

Nasr, Seyyed Hossein, *Ṣadr al-Dīn Shīrāzī and his Transcendent Theosophy*, Tihrān, 1978.

Rahman, Fazlur, *The Philosophy of Mullā Ṣadrā (Ṣadr al-Dīn al-Shīrāzī)*, Albany, 1975.

Rizvi, Sajjad H., *Mullā Ṣadrā Shīrāzī: His Life and Works and the Sources for Safavid Philosophy* (*Journal of Semitic Studies* Supplement 18), Oxford, 2007.

Rustom, Mohammed, *The Triumph of Mercy: Philosophy and Scripture in Mullā Ṣadrā*, Albany, 2012.

Schimmel, Annemarie, *Mystical Dimensions of Islam*, Chapel Hill, 1975.

Smith, Margaret, *Readings from the Mystics of Islam*, London, 1972.

Takeshita, Masataka, *Ibn 'Arabī's theory of the Perfect Man and its place in the history of Islamic thought* (Studia Culturae Islamicae 32), Tokyo, 1987.

Ziai, Hossein, *Knowledge and Illumination: A Study of Suhrawardī's Ḥikmat al-Ishrāq*, Atlanta, 1990.

©Sato Rui

鎌田 繁（かまだ・しげる）

1951年生れ。東京大学文学部卒、同大大学院人文科学研究科博士課程単位取得退学。マッギル大学イスラーム学研究所留学。東大文学部助手、同大学東洋文化研究所助教授、日本学術振興会カイロ研究センター派遣を経て、1995年より東大東洋文化研究所教授。2000–01年にハーヴァード大学近東言語文明学科客員研究員。2012年より日本オリエント学会会長。専門はイスラーム学、とくにイスラーム神秘思想。

著書に『モッラー・サドラーの霊魂論——『真知をもつ者たちの霊薬』校訂・訳注並びに序説』（イスラム思想研究会、1984年）、『超越と神秘——中国・インド・イスラームの思想世界』（森秀樹共編著、大明堂、1994年）、『聖典と人間』（市川裕共編著、大明堂、1998年）など。

NHK BOOKS 1233

イスラームの深層
「遍在する神」とは何か

2015（平成27）年8月25日　第1刷発行

著　者　**鎌田 繁**　
発行者　**小泉公二**
発行所　**NHK出版**
東京都渋谷区宇田川町41-1　郵便番号150-8081
電話 0570-002-246（編集）　0570-000-321（注文）
ホームページ　http://www.nhk-book.co.jp
振替　00110-1-49701
装幀者　**水戸部 功**
印　刷　**三秀舎・近代美術**
製　本　**三森製本所**

Printed in Japan　ISBN978-4-14-091233-1 C1314

NHK BOOKS

＊宗教・哲学・思想

- 仏像―心とかたち― 望月信成／佐和隆研／梅原 猛
- 続仏像―心とかたち― 望月信成／佐和隆研／梅原 猛
- 原始仏教―その思想と生活― 中村 元
- ブッダの人と思想 中村 元／田辺祥二
- がんばれ仏教！―お寺ルネサンスの時代― 上田紀行
- 目覚めよ仏教！―ダライ・ラマとの対話― 上田紀行
- ブータン仏教から見た日本仏教 今枝由郎
- 人類は「宗教」に勝てるか―一神教文明の終焉― 町田宗鳳
- 法然・愚に還る喜び―死を超えて生きる― 町田宗鳳
- 現象学入門 竹田青嗣
- ヘーゲル・大人のなりかた 西 研
- 可能世界の哲学―「存在」と「自己」を考える― 三浦俊彦
- 論理学入門―推論のセンスとテクニックのために― 三浦俊彦
- 「生きがい」とは何か―自己実現へのみち― 小林 司
- 自由を考える―9・11以降の現代思想― 東 浩紀／大澤真幸
- 東京から考える―格差・郊外・ナショナリズム― 東 浩紀／北田暁大
- 日本的想像力の未来―クール・ジャパノロジーの可能性― 東 浩紀編
- ジンメル・つながりの哲学 菅野 仁
- 科学哲学の冒険―サイエンスの目的と方法をさぐる― 戸田山和久
- 国家と犠牲 高橋哲哉
- 集中講義！日本の現代思想―ポストモダンとは何だったのか― 仲正昌樹
- 集中講義！アメリカ現代思想―リベラリズムの冒険― 仲正昌樹
- 哲学ディベート―〈倫理〉を〈論理〉する― 高橋昌一郎
- 発想のための論理思考術 野内良三
- カント 信じるための哲学―「わたし」から「世界」を考える― 石川輝吉
- ストリートの思想―転換期としての1990年代― 毛利嘉孝
- 「かなしみ」の哲学―日本精神史の源をさぐる― 竹内整一
- 快楽の哲学―より豊かに生きるために― 木原武一
- 「原子力ムラ」を超えて―ポスト福島のエネルギー政策― 飯田哲也／佐藤栄佐久／河野太郎
- 道元の思想―大乗仏教の真髄を読み解く― 住光子
- 詩歌と戦争―白秋と民衆、総力戦への「道」― 中野敏男
- アリストテレス はじめての形而上学 富松保文
- なぜ猫は鏡を見ないか？―音楽と心の進化誌― 伊東 乾
- ほんとうの構造主義―言語・権力・主体― 出口 顯
- 「自由」はいかに可能か―社会構想のための哲学― 苫野一徳
- 弥勒の来た道 立川武蔵

※在庫品切れの際はご容赦下さい。